축복과 대화가 있는 가정예배 지침서
야곱의 식탁

축복과 대화가 있는 가정예배 지침서
야곱의 식탁

초 판 발 행	2016년 9월 5일
개정3판2쇄	2021년 7월 13일
발 행 인	이기룡
지 은 이	주준태, 김동훈, 윤지환, 정성윤, 심상기, 이영훈, 고석완
펴 낸 곳	도서출판 생명의 양식
등 록	1998년 11월 3일 제22-1443호
주 소	06593 서울특별시 서초구 고무래로 10-5(반포동)
전 화	(02)533-2182
팩 스	(02)533-2185
디 자 인	박다영, cross-765

ISBN 979-11-6166-046-2 (03230)
값 7,000원

이 책은 저작권법에 의해 보호를 받는 출판물입니다.
저자의 허락이 없이는 무단 전재와 복제를 금합니다.

이 도서의 국립중앙도서관 출판시도서목록(CIP)은 서지정보유통지원시스템 홈페이지(http://seoji.nl.go.kr)와
국가자료공동목록시스템(http://www.nl.go.kr/kolisnet)에서 이용하실 수 있습니다. (CIP제어번호: CIP 2017018365)

축복과
대화가 있는
가정예배 지침서

Jacob's table

야곱의식탁

예장 고신 총회교육원 편

생명의 양식
THE BREAD OF LIFE

목차

추천사 6

prologue 31

1장 야곱의 식탁 정의와 목적 49

2장 자녀 축복 59

3장 배경과 흐름 69

4장 축복문 해설 83

5장 대화 95

6장 식탁 105

7장 야곱의 식탁 매뉴얼 113

8장 야곱의 식탁을 위한 두 가지 디딤돌 123

참고 도서 143

epilogue 145

추천사
가정예배에 복음, 야곱의 식탁

최홍준 목사
국제목양사역원 원장, 호산나교회 원로

필자는 어린 시절 가정예배에 대한 상처가 있다. 부모님의 인도는 너무나 지루하고 힘들었기에 가정예배 하면 졸면서 야단맞은 추억만이 남아 있다. 그때 "야곱의 식탁" 같은 책이 소개 되고 있었다면 얼마나 좋았을까? 오늘날은 자녀들이 넘 바쁘다. 학교다. 학원이다. 등으로 바쁜 현실에 가정예배를 서투른 부모님들이 인도할 아이들에게 얼마나 고문될 수 있는지 짐작이 간다. 한데 여기 야곱의 식탁이 있다. 이것은 가정예배에 복음? 이라고 확신한다. 부모가 자녀의 머리에 안수하며 축복할 때 얼마나 감동이 될까?

"하나님께서 사랑하는 아들 OOO을(손자 OOO을) 에브라임 같고 므낫세 같게 하시기를 원하며 예수님의 이름으로 축복하노라"

"하나님께서 사랑하는 딸 OOO을(손녀 OOO을)사라와 리브가 같고 라헬과 레아 같게 하시기를 원하며 예수님의 이름으로 축복하노라"

이런 단순한 기도를 매일 학교 갈 때, 잠을 잘 때 해준다는 것 얼마나 귀한 것인가? 이들이 에브라임에 대해 므낫세에 대해, 사라와 리브가에 대해, 라헬과 레아에 대해 질문을 할 때 설명해 주는 시간도 의미와 은혜가 되리라 본다. 이 책에서 주준태 목사의 프롤로그만 읽어봐도 충분한 인사이트를 받을 것이다. 주목사는 "P43, 안식일식탁예배는 유대인의 전유물이 아니라 구약교회의 아름다운 전통입니다. 구약교회의 예배적 요소가 예수님 이후 신약교회로 이어진 것처럼 구약교회에 있었던 가정예배의 좋은 요소를 신약교회의 가정예배에 회복시키는 것은 너무도 당연한 일입니다."라고 주장하였다.

가정예배가 지겹거나 상처가 되지 않고, 감사와 축복이 된다면 참으로 감사할 것이라 본다. 저도 미국의 두 딸 가정과 한국의 두 아들 가정에 야곱의 식탁을 선물로 보내면서 잘 활용하라고 당부하였다. 한국교회의 모든 가정에서도 야곱의 식탁을 통해 은혜를 받아 자손 대대로 복이 되길 원합니다.

추천사

교회의 가장 기본적인 가정의 축복!

채영남 목사
통합 전임 총회장, 광주본향교회 담임

소설가이자 노벨문학상 수상자인 알베르 카뮈(Albert Camus)는 "행복이란 우리가 시간을 들여 열중하는 모든 것"이라고 했습니다. 축복도 마찬가지입니다. 시간을 들여 열중하지 않는다면 우리 가운데 함께 할 수 없겠지요. 우리는 축복을 흔하게 사용합니다. 그러나 사전적인 용어가 아닌 본질에 다가서는 것은 매우 어렵습니다. 볼 수 없고 만질 수 없는 것으로 생각하기 쉽습니다. 또는 서로가 마주보며 인사하는 지극히 교회적인 예절 정도로 여길 때도 있을 것입니다. 때로는 자칫 기복신앙으로 오해받기도 합니다.

저는 오랜 시간 동안 시공간을 뛰어넘어 모두가 공감

하고 나누며 경험할 수 있도록 돕는 매뉴얼이 있다면 얼마나 좋을까라는 생각을 종종 해왔습니다. 고신과 통합 교단 사역의 만남을 시작으로 지금까지 마음을 주고받아 온 중경총회장 송도제일교회 주준태 목사님이 저의 바람을 해결해 주었습니다. 이것은 하나님의 복으로 이루어진 것이라 할 수 있습니다. 오랜 시간 현장에서 연구와 임상실험을 통해 검증된 축복의 지침서를 읽어갈수록 무릎을 치며 '아멘'을 외쳐봅니다.

교회의 가장 기본적인 가정의 축복! 가정을 건강하게 세워가는 축복은 '주문'이 아니라 '생활'이자 '실천'이며, 그 근거인 말씀으로 되돌아가는 복된 여행을 할 수가 있었습니다. 참으로 송도제일교회 성도님들은 복 있는 사람들입니다. 축복으로 소통을 한다는 것은 하나님 나라를 경험하는 것과 같기 때문입니다. 오늘 귀한 책을 마주하고 계실 많은 분들에게도 동일한 은혜와 감동, 축복이 함께 할 것을 믿어 의심치 않습니다.

주준태 목사님이 지면을 통해 소개했듯이, 여러분도 저에게 동일한 축복을 선언해 주시길 바라며, 저도 여러분을 그리스도이신 예수님의 이름으로 안으며, 손을 머리에 얹고 축복을 선언합니다. '야곱의 식탁, 축복과 대화가 있는 가정예배'를 통해 가정과 직장과 사업장이 큰 복을 받고 민족과 열방을 복되게 하는 믿음의 가문을 이루기를 축복합니다.

추천사

한국교회가 변화되는
촉매제의 역할을 소망하며…

강용원 목사
고신대학교 기독교교육과 명예교수

이번에 송도제일교회가 가정예배에 대한 지침서인 '야곱의 식탁'을 펴낼 수 있게 된 것을 기쁘게 생각한다. 분주하게 돌아가는 삶 속에서 더욱이 가족 구성원들의 활동 시간대가 맞지 않아서 한 가족이 함께 식사를 하는 일도 점점 더 어려워지고, 차라도 마시며 가족들이 대화를 나눌 수 있는 것도 거의 불가능한 시기에 살고 있다. 이런 상황에서 한 가족이 모여 가정예배를 드린다는 것은 더더욱 힘든 일이 아닐 수 없다.

물론 시간은 만들어야 한다. 그러나 억지로 시간을 만든다 해도 함께 무엇을 어떻게 할지 준비가 되어 있지 않다면 모처럼의 할애한 시간마저도 무의미하게 흘러가 버릴 수밖에 없다. 아마도 많은 신자들은 가정예배의 필요성을 인정한다 해도 이 일을 결단하고 수행하는 것에 적지 않은 두려움을 가지고 있다고 생각한다. 또한 가정예배에는 많은 선입견들이 있으며, 이것은 실제로 존재하는 것인지도 모른다. 자녀들은 부모들의 잔소리를 듣는 시간으로 여길지도 모른다. 단지 형식에 얽매여 예배를 반복한다는 느낌을 받기도 할 것이다. 재미도 없고 관심을 끌만한 것들이 없다는 생각들이다.

우리나라에서 교회교육의 문제의 핵심은 부모들이 자녀들에 대한 신앙교육적 책임을 느슨하게 생각하고 있다는 점이다. 아예 자녀들의 신앙교육은 교회의 책임이라고 생각하는 부모도 많은 것 같다. 물론 부모들은 생업과 일상사에 분주한 것이 사실이다. 그러나 자녀들의 신앙교육의 일차적 책임은 부모에게 있다는 것을 일깨워주고 인도해야할 책임이 교회와 담임교역자에게 있다고 생각된다. 교회는 부모의 교육적 책임을 명시적으로나 암묵적으로 강조하지 않으면 안 된다. 담임목사는 설교와 가르침을 통해서 이를 강조하고, 조직적인 부모교육 프로그램을 실시하도록 해야 한다. 가능하면 교회의 성인부 연관 조직들(이를 테면 남녀전도회 / 선교회 등)은 좋은 어머니 운동,

좋은 아버지 운동, 좋은 조부모 운동을 위한 프로그램을 적극 수용하여 정기적으로 실시하지 않으면 안 된다. 교회는 세속주의에 물든 부모들의 가치관을 바로 잡아주어야 하며, 특히 학교에 다니는 연령층의 부모들에게는 이를 더욱 강조하지 않으면 안 된다.

가정이 자녀들의 신앙교육을 수행한다고 하는 것은 어떤 형식적이며, 조직적인 교육을 실시하는 것이 아니다. 가정은 신앙과 삶의 공동체로서 부모들의 신앙의 본이 자녀들에게 자연스럽게 전수되면서 자녀들의 믿음은 자라게 된다. 이를 위해서 정말 중요한 것은 부모와 자녀가 자연스럽게 신앙을 주제로 한 대화를 나눌 수 있는 기회를 마련하는 것이다. 물론 그것이 일상사에 대한 대화라도 좋다. 그러나 엄밀하게 말해서 부모 자녀의 만남과 접촉의 시간도 제한되어 있을 뿐만 아니라 삶을 공유하는 분위기도 형성되지 못한 가정이 대부분일 것이다. 이를 위해서는 각자에게 다소 희생이 된다고 해도 만남의 시간을 만드는 것이 유용할 것이다. 야곱의 식탁은 바로 이런 필요를 집약적으로 수행할 수 있도록 해 주는 대안이 될 수 있을 것이다.

삶의 경험들을 나누며, 적절한 하나님의 말씀을 적용

하고, 함께 찬송하고 기도하는 것은 매우 유용한 신앙교육이 될 것이다. 자녀에 대한 축복은 부모의 특권이다. 자녀들의 내밀한 열망도 부모의 축복이다. 축복하는 일은 자녀를 소중한 존재로 인정하며, 신뢰하고 소망하는 일이다. 한 조사에 의하면 자신의 분야에게 성공한 여성들의 배경을 분석해 보면 공통점 중의 하나가 그들은 아버지의 인정을 받고 자랐다는 점이라고 한다. 지나친 기대가 자녀에게 짐을 지워 준다면 존중과 신뢰와 소망은 자녀들에게 얼마나 용기가 되겠는가?

송도제일교회가 이 일을 앞장서서 모본적(模本的)으로 수행하게 된 것을 기쁘게 생각하면서 많은 교회들이 이 정신을 함께 나누어가기를 진심으로 기대하는 바이다. 이 일을 선견자적인 안목으로 추진하고 계신 주준태 목사님께 경의를 표하며, 이 일을 함께 섬기며 조직화해 나가는 귀한 목사님들의 수고에 박수를 보내는 바이다. 앞으로 이런 선한 프로그램이 운동으로 변하여 우리 교회와 교단이 더욱 신앙의 인재를 양성하게 되고, 한국교회가 변화되는 촉매제의 역할을 하게 될 것을 함께 소망하는 바이다.

추천사
작은 그러나 놀라운 책

김상윤 교수
고신대 전 부총장, 유아교육과 명예교수

주준태 목사님을 뵈면 故 한기태 교수님이 생각난다. 내가 1986년 고신대학교 기독교교육과 첫 강의를 할 때 그분의 연구실에서 느낀 분위기는 그 후 내 교수 생활의 본이 되었다. 평소에는 조용하시지만 깊은 유머감각이 있으셨으며 학교가 소요의 중심에 있던 학생들을 내몰 때에도 그들의 입장을 이해하고 용기 있게 보호해 주시던 모습에 감동을 받았다. 그분은 인지 중심의 미국 심리학의 단점을 이미 간파하시고 그 당시에 정말 생소하게 느껴지던 '터치'의 교육적 가치에 대해 논문을 쓰셨다. 사실 백 마디의 말보다 따뜻하게 한번 안아주는 것이 훨씬 감동적일 때가 많다. 무슨 말이 필요하겠는가! 예수님께서도 말씀하셨듯이 하나님은 우리의 형편을 이미 알고 계신다. 문제는 우리가 말이 너무 많다는 것이다. 우리나라는 세계에서 도덕 시간이 제일 많지만 아직도 도덕교육이 제일 잘 안 된다. 법원에서 하는 거짓말인 위증죄 판정 비율이 일본의 600배가 된다고 하니 정말 부끄러운 일이다.

그래서 나는 아동학과 학과장으로 있으면서 당시 심사위원으로 계시던 신학과 교수님들에게 습관 중심의 교육의 필요성을 호소하여 일본에서 학위를 받으신 분을 교수로 초빙한 적이 있다. 내가 교육대학에 다닐 때 친구들이 시험 중에 교수님 앞에서 커닝을 노골적으로 하는 것을 보고 충격을 받아 시험기간 중에 일부러 공부를 하지 않고 그냥 시험을 치룬 적이 있다. 일종의 반항이었다. 시험기간 중에 일부러 시험공부 대신 교육 고전을 찾아 읽어보았다. 그때 페스탈로치의 책에서 이런 구절을 읽었다. "도덕은 도덕 시간에 가르치는 것이 아니다." 이 구절이 40년이 지난 지금에도 내 눈에 선하다. 그렇다. 우리의 신앙교육도 마찬가지다. 사랑의 설교를 귀에 못이 박히도록 듣고 믿음을 누누이 배우고 있지만 교회에서 조금 심각한 일이 생기기만 하면 그 사랑과 믿음은 어디로 간지 흔적도 없다.

내가 볼 때 지금은 자녀들뿐만 아니라 부모 된 우리 스스로의 신앙교육을 위해서도 사생결단의 때가 되었다. 주준태 목사님은 총회장으로 계시면서 가정에서의 신앙생활 수칙을 정하시고 자신이 맡은 교회를 중심으로 지금까지 꾸준하게 이 일을 실천에 옮기고 계신다. 나는 얼마 전에 이 사실을 알고 신선한 감동을 받았다. 언제나 만나면 큰 소리로 내 이름과 여러 가지 호칭을 부르시고는 주변의 사람들이 바라볼 만큼 반갑게 대해주셔서 나는 늘 기분이 좋았다. 나도 다 큰 어른이지만 누군가 이렇게 따뜻하게 손을 잡고 힘 있게 흔들어 주시니 사랑받고 인정받는 느낌이 든다.

'야곱의 식탁'은 작은 책이지만 엄청나게 큰 이슈를 담고 있다. 과연 목사가 아닌 나도 안수기도를 할 수 있단 말인가? 그러고 보니 지금까지 단 한번이라도 내 하나밖에 없는 아들의 머리를 두 손으로 감싸고 축복기도를 해준 적이 없다. 1890년대 말 증조할머니로부터 이어온 믿음의 가정이지만 나는 우리 가정에 이런 이야기를 들어본 적이 없다. 많은 일가친척들이 예수를 믿지만 복음의 선조들의 이야기에 별 관심이 없다. 나는 아버지에게 산수문제 못 푼다고 야단맞은 기억은 있지만 내 머리에 손을 얹고 기도 받아본 기억은 없다. 부친께서는 이 세상 누구보다 장남인 나를 사랑하고 계시지만 그 표현을 아끼셨다. 이제 아흔이다 되신 시골에 계신 부친의 기력이 더 이상 쇠하시기 전에 부디 야곱의 축복을 부탁드릴 참이다.

1957년 구 소련이 인공위성을 미국보다 먼저 발명했을 때 미국은 큰 충격에 빠졌다. 30대의 젊은 케네디 대통령은 풀이 죽은 국민들에게 10년 안에 미국인이 달에 도착하여 다시 돌아올 것이라는 꿈을 제시하였다. 그런데 이 일을 가능하게 할 방법은 무엇인가? 노벨상 수상자와 심리학자들이 우즈홀 회의에서 열 띤 토론을 하였다. 그때 의장을 맡은 브루너는 이렇게 말했다. "우리를 그 꿈으로 안내할 방법은 교육을 방해하는 언어를 벗어나 직관을 찾는 일입니다." 직관은 설명이 아니라 삶이다. 500년이 지난 지금도 대학의 교재로 사용되고 있는 코메니우스의 '위대한 교수학'은 이 직관의 교육이야말로 살아있는 교육이라고 주장한다. 우리의 도덕교육이 실패한 이유는 말은 많지만 삶이 없었기 때문이다.

나는 석사와 박사논문을 '도덕 판단의 발달'에 대해 쓰고 내 남은 여생 동안 이 중요한 주제로 연구를 계속해야겠다고 결심을 하였다. 그런데 이 이론을 제창한 학자 콜버거는 유대인으로 그리고 하버드대학교의 덕망 있는 교수로 인간의 성숙도는 논리적 사고에 기초를 두어 학식이 높을수록 도덕 수준이 높아진다고 주장했다. 그런데 그가 어느 날 아침 뉴욕의 허드슨 강가에서 시체로 발견된 사건이 보도되어 나는 큰 충격에 빠졌다. 그것도 알아보니 자살을 한 것이다. 왜 도덕을 연구하시는 분이 자살이라는 극단의 선택을 한 것일까? 이 사건을 두고 윤리학자들과 신학자들 간에 논쟁이 불붙었다. 결론은 이러하다. 사람의 삶은 도덕적 틀이 아니라 믿음의 틀에서 해석되어야 한다는 것이다. 믿음은 논리로 설명될 수 없는 수준이다. 우리의 수준이 학식에 의해 높아지기는 하지만 어느 한계에 달하게 되면 오히려 그 학식으로 소중한 믿음의 가치를 잊게 된다. 그 가치는 바로 논리적 판단으로 설명할 수 없는 큰 사랑 즉, 희생과 헌신의 차원이다.

 나는 1999년 가을 서울대학교 박물관에서 열린 심포지엄에 강사로 초빙을 받아 2000년 이후 100년을 내다보는 우리나라 교육의 목표 설정에 관한 아이디어를 발표했다. 나에게 많은 것을 기대하고 있던 참석자들에게 나는 이렇게 고백했다. '나는 지난 20여 년 동안 도덕 연구를 해왔지만 도덕교육을 이론적으로 하면 할수록 참된 도덕교육과는 거리가 멀어진다는 것을 깨달았습니다.' 그 후로 나는 창의성을 연구하였다. 그리고 곧 그 창의성의 원천은 바로 하나님의 솜씨가 아직도 깨끗이 보존되고 있는 자연에서 발견될 수 있음을 깨달았다. 그리하여 나는 시골에 아이들이 자연 속에서 뛰어놀 수 있는 곳을 만들고 은퇴 후에는 더 열심히 시골에서 일을 하고 있다. 나는 '야곱의 식탁'을 읽고 이런 생각을 했다. '때 묻지 않은 자연 속에서 하나님의 솜씨를 만날 수 있듯이 때 묻지 않은 부모의 사랑 속에서 하나님의 사랑과 은혜를 만날 수 있구나!' 신앙교육의 대안을 오랜 만에 찾은 느낌이다. 이제 새로운 미래를 향하여 우리의 신앙교육에도 큰 변화가 있어야 한다.

중국의 마윈은 일주일에 몇 시간밖에 일하지 않아도 되는 미래가 곧 오겠지만 그때에도 사람들은 여전히 "정말 바빠서 힘들다"라고 할 것이라 예언했다. 그 말이 맞다. 우리가 중독에 빠진 것은 '많은 일'이 아니라 '바쁘다고 생각하는 그 태도'인 것이다. 이제는 우리의 이기적인 신앙의 틀을 깰 때가 되었다. 이 책을 읽으면서 내 삶이 확장되는 것을 느꼈다. 그렇다. 내 자녀의 미래에도 내가 여전히 살아있구나. '야곱의 식탁'은 그런 책이다. 나 혼자만의 바쁜 삶은 이제 더 이상 큰 삶이 아니다. 내 가까이 있는 부모와 내 자녀들을 통해 하나님의 나라가 확장되게 하는 그런 책이다.

추천사
야곱의 식탁을 통해
회복되는 가정을 꿈꾸며…

박신웅 박사
전 총회교육원장, 안성소망교회 담임

이제는 가정이 답이다. 아니, 오래전부터 가정만이 답이었다. 신앙 전수를 위해 우리는 그간 많은 노력을 기울였지만, 우리 세대와, 우리 이전 세대는 그 답을 엉뚱한 곳에서 찾으려 했던 듯하다. 가정이 아닌 교회에서. 그러나 돌이켜보면 성경은 지속적으로 교회가 아닌 부모들에게 다음 세대 교육의 책임을 묻고 있다(신 6:6-9; 잠 22:6; 엡 6:4). 그래서 가정이 답이었고, 오늘도 가정만이 자녀 양육의 최전선이자 최우선이다. 이런 의미에서 가정이 답이다.

안타까운 이야기지만 주일학교로는 부족하다. 예전의 농사짓던 시절, 그리고 7-80년대에는 주일학교 패러다임으로도 되었을지 모르겠다. 매주 반복되는 주일, 별로 놀

것도 즐거울 것도 없었던 어린 시절의 어린이들에게 교회보다 좋은 놀이터, 즐거움을 주는 곳은 드물었다. 자연스레 교회로 아이들은 모였고, 교회에서 지내다보니 복음이 들리고 예수님을 만나고 저항감 없이 예배의 자리로 나아갔다. 기억하자. 아이들은 노출빈도에 따라 반응한다. 그러니 교회에 오랜 시간을 보내는 당시의 많은 아이들은 자연스럽게 신앙을 갖게 되었던 것이다.

하지만 오늘은 어떠한가? 오늘의 대한민국의 상황, 글로벌화 된 오늘의 현실은 그 때와는 너무도 다르다. 아이들이 태어나보니, 이미 교회 바깥에 재미있는 것들이 너무 많고 교회는 오히려 따분하고 재미없어 보이는 것들만 가득하다. 이런 상황에 아이들에게 무작정 교회에서 지내라고, 주일에 신앙교육을 받으면 그것으로 족하다고 말하기에는 상황이 너무 열악하고 힘들다. 더욱이 이렇게 어려운 상황에서 억지로 아이들을 교회에 불러 모아 놓아도 그들이 교회에 머무는 시간은 일주일 전체를 통틀어 고작 1-2시간인데, 이 시간으로 한 아이의 영원한 삶에 대해 다 책임질 수 있을까? 그리고 그 아이가 그 짧은 시간에 받은 도전과 은혜로 긴긴 한 주간의 시간을 믿음으로 버텨낼 수 있을까? 불가능에 가깝다! 오히려 한 주간 세속적인 가치에 철저히 노출되어 생각과 행동이 세속적인 아이들이 고작 주일의 1-2시간으로 변화를 기대하는 것 자체가 힘든 것이 아닐는지 숙고해 볼 일이다.

무엇보다 출산율이 줄어, 이제 아이들이 희소한 이 때, 부모들은 자녀들을 더욱 성공시키려 노력하고 있다. 그러다보니 많은 믿음의 부모들조차도 좋은 학교, 좋은 직장을 위해 주일에도 아이들을 교회에서 떼어내어 학교로, 학원으로 순례시키고 있다. 이런 상황에 교회가 아이들을 붙들고 신앙교육을 하는 유일한 곳이 된다면 이 보다 불행한 일은 없을 것이다. 그것도 별로 관심도 없고 의욕도 없는 아이들을 잡아놓고. 생각해 보라. 아이들이 지금 어디에서 가장 많은 시간을 보내고 있는지. 그리고 아이들은 어디에 가장 많은 관심과 흥미를 느끼는지. 시대가 너무 많이 변했다.

이처럼 더 이상 주일학교가 매력적이지 않은 이 때, 오히려 가정으로 돌아가야 하지 않을까? 그리고 가정에서 신앙교육을 해야 하지 않을까? 이런 현실적인 문제들을 되짚어 보면, 우리의 신앙의 선배들이 지혜로웠고 그리고 그들의 방법을 다시금 깊이 고민해야 할 것이다. 이런 면에서 [야곱의 식탁]은 우리에게 신앙교육의 좋은 지침과

방향을 제시한다 하겠다. 아울러, 오늘날 점차 무너져가는 가정, 부모와 자녀 간, 부부간, 형제, 자매간의 대화와 축복을 통한 회복의 기회를 제공할 수 있는 귀한 도구(tool)가 될 수 있지 않을까? 생각해 본다.

애초에 하나님이 가정을 통해 언약의 후손들을 양육하게 하셨고, 부모의 신앙이 자녀들에게, 그리고 그 다음 자녀들에게 전달되도록 하신 의도가 있을 것이다. 그래서 우리의 신앙의 선배들, 종교개혁자들, 성경의 인물들은 그렇게 가정에서 신앙을 가르치고 배우는 것을 강조했는지 모르겠다. 같은 맥락에서 종교개혁의 후예들, 무엇보다 장로교 전통을 세운 스코틀랜드 장로교의 선배들은 자녀들의 신앙 교육의 가장 중요한 자리로 가정예배를 들었고, 가정예배를 통해 아버지가 자녀들을 양육하도록 독려했다. 나아가 가정예배가 제대로 이뤄지지 않는 가정의 가장이 중직자인 경우 심지어 교회는 경고했고 나아가 치리를 했다는 보고도 있고 보면, 가정예배야말로 오늘 우리가 다음세대를 위해 할 수 있는 최선이 아닐까?

그런데 그렇게 가정예배를 막상 드리려 해도 어떻게 드려야 할지 모르는 가장들과 부모들이 많다. 많은 교회들이 가정예배를 드려야 한다고 공지도 하고, 순서지도 배부

하지만, 정작 실효성 있게 가정예배가 드려진다는 보고는 적다. 그런데 송도제일교회는 좀 다른 것 같다. 야곱의 식탁을 통해 가정예배를 강조하며 드려진 지 어언 4-5년, 이제 교회에 체질화되어 자연스럽게 가정예배가 가정마다 드려지고 있다고 하니, 감사하고 고맙다. 무엇이 이전의 교회들의 가정예배 시도들과 다를까? 몇 가지 이유가 있겠지만, 가장 특징적인 두 가지를 들라면 대화가 있는 가정예배와 축복이 있는 가정예배라고 할 수 있을 것이다.

가정예배에 대화가 있다(?)는 말이 무슨 뜻일까? 간단히 말하면, 부모가 일방적으로 말씀을 가르치고 자녀들은 수동적으로 성경지식을 수납하는 형식의 지식전달을 탈피한 방식을 따른다는 것이다. 사실, 자녀들이 성인이 되기 전까지는 여전히 자녀들은 육체적으로, 정신적으로 뿐 아니라 신앙적으로도 부모의 도움과 돌봄이 필요하다. 그런 면에서 부모가 자녀들과 한 자리에서 말씀을 놓고 함께 대화하면서 설명과 이해를 돕는 과정이 있다는 것은 참으로 귀한 자리가 아닐 수 없다.

필자의 경험에 비추어보면, 어릴적 가정예배는 대화가 있는 예배가 아니라 대화가 더욱 단절된 예배였던 것 같다. 일방적인 아버지의 설교만 있었고 나의 생각이나 의견을 개진할 여지가 없었다. '예배는 예배다!' 라는 생각 때문이었다. 그런데 야곱의 식탁에서 보여주는 가정예배의 방식은 아이들로 하여금 함께 예배에 참여하여 말씀을 부모와 형제들과 나누도록 하고 있다. 대화가 있는 가정예배가 되도록 한 것이다. 이런 면에서 야곱의 식탁에서 추구하는 가정예배는 쌍방향적이고, 가정적이다. 무엇보다 교육적이다. 자녀들로 하여금 참여하게 하고 설득하며, 이해시키는 과정이 있고, 부모 또한 자녀들이 이해한 말씀을 통해 다시 한 번 숙고할 수 있는 자리로 이끈다고 하겠다.

두 번째 특징으로는 가정예배에 축복이 있다(?)는 것이다. 물론, 이 축복은 주일에 교회에서 하는 축도와는 다를 것이다. 다만, 부모가 가정에서 하나님을 대신해서 자녀에게 복을 대신 빌어주고, 자녀들에게 사랑을 전달하는 과정을 통해 부모-자녀간의 관계를 새롭게 회복하고, 자녀들 또한 부모에게 감사와 사랑을 전함으로 가정에서 가족 간의 참된 사랑을 확인하는 자리가 가정예배가 될 수 있게 했다는 것이다. 이 얼마나 놀랍고 감사한가! 하나님이 애초에 가정을 통해 그렇게 원하셨던 이 땅에서 '하늘 나라'를 살아가는, 그것도 하늘 아버지의 복을 함께 나누며 예배하며 감사와 찬양을 하는 그곳을 회복하는 자리. 그곳이 가정예배를 통해 회복되어 가는 이 땅의 가정이 되어야 하지 않을까? 비록 야곱의 식탁이 모든 답을 주지는 못한다해도 이제 가정이 답이고, 가정예배가 대안이라면, 이 야곱의 식탁 또한 또 하나의 대안이 되지 않을까? 이런 면에서 감히 야곱의 식탁을 여러분의 가정에 두고 자녀들과 함께 가정예배를 드려보라고 추천해 보고자 한다. 부디, 하나님의 임재를 경험하고, 대화와 축복을 통해 하나님의 은혜를 깊이 경험하는 부모-자녀 모두가 되시길 소망해 본다.

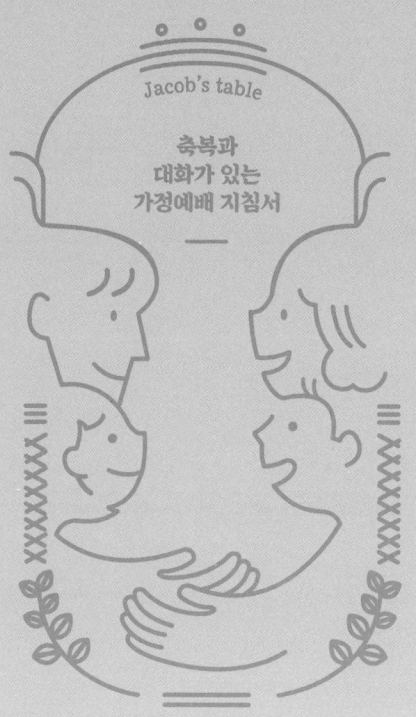

Jacob's table

축복과
대화가 있는
가정예배 지침서

prologue

Jacob's table
야곱의식탁

프롤로그

야곱의 식탁,
축복과 대화가 있는 가정예배

본문: 창 48:20, 룻 4:11

주준태 목사
고신 전임 총회장, 송도제일교회 원로

들어가며

　지금부터 6년 전, 2012년 2월 4일 금요일 저녁, 저는 특별한 경험을 하게 되었습니다. 당시 미국 LA의 한 정통파 유대인 가정에서 드리는 안식일 식탁 예배를 참관하게 된 것입니다. 평범한 미국의 40대 부부의 가정에 초대되었는데 10대 청소년부터 젖먹이 어린아이까지 5명의 자녀가 있는 다복한 가정이었습니다. 제가 초대된 그 안식일 식탁 예배에는 모두들 정장을 입은 것 외에는 별다른 초청 인사도, 분위기를 띄우는 찬양도 없었습니다. 다만, 아버지가 초청한 친구 한 명과 함께 식탁에 둘러앉아 자연스럽게

'부모의 자녀 축복'이 시작되었습니다.

먼저 아버지가 맏아들부터 한 사람씩 가슴에 안은 뒤, 손을 머리에 얹고 입을 귀에 가까이 대고 작은 음성으로 축복을 선언합니다. "하나님께서 사랑하는 아들 ○○○을 에브라임 같고 므낫세 같게 하시기를 원하노라, 하나님께서 사랑하는 딸 ○○○을 사라와 리브가 같고 라헬과 레아 같게 하시기를 원하노라"며 한 사람씩 안고 우는 젖먹이까지 달래가며 축복하는 겁니다. 같은 순서로 어머니도 아이들에게 그렇게 한 다음, 촛불을 켜고 손을 씻으며 떡을 뗌으로 구약의 성전 제사를 재현했고, 정다운 대화와 격려가 있는 식사로 마무리되었습니다.

축복이 있는 가정예배

그 안식일 식탁 예배에서 제가 가장 인상적으로 봤던 것은 부모가 자녀를 축복하는 순서와 과정이었습니다. 저는 3대에 걸친 신앙 가정에서 자랐지만 제 부모님에게서 이렇게 정식으로 격식을 갖춰 축복을 받아본 적이 없었고, 제 자녀들에게도 제대로 축복을 선언해본 적이 없었습니다. 저는 평소 교회교육의 최후의 보루가 가정이어야 하고, 이를 위해 어떤 장치가 필요하다고 생각했는데, 가정예배가 그것입니다.

그리고 '가정예배를 생기 있게 할 어떤 장치가 구약교회의 전통 속에 있지 않을까?'라고 기대하던 중에 부모가 자녀를 축복하는 것을 보게 된 것입니다. 그때로부터 '이런 귀한 전통을 우리는 왜 놓치고 있었을까? 우리 교회와 가정에 되살려놓을 순 없을까?'라는 행복한 고민이 시작되었습니다. 자녀를 축복하고 싶은 소원은 모든 부모들이 가진 심정인데 그 방법을 성경적 권위와 가정이라는 공동체적 의식 가운데 엄숙하게 실행한다면 자발적인 가정예배의 동력이 될 수 있다는 믿음이 생겼습니다. 이 믿음에서 시작된 확신을 성도들에게 어떻게 공감시키며 목회에 적용했는가를 최근에 발매된 '야곱의 식탁'(Jacob's Table)이 잘 보여줍니다.

안식일 식탁 예배에서 본 부모의 자녀 축복은 실로 안수기도의 새로운 지평을 열어주었습니다. 그 이유로는 첫째, 자녀 축복이 너무나 자연스럽다는 것입니다. 마치 예수님께서 어린아이를 안고 안수하는 것처럼 따뜻하고 아름다웠습니다. 둘째, 머리에 손을 얹고 귀에다 소곤소곤

들려주는 하나님의 말씀, 축복의 선언은 오늘과 같이 말씀을 잘 듣지 못하는 우리의 자녀들을 성경의 세계, 말씀의 교통 속으로 이끌 것입니다. 셋째, 가정에서 부모가 영적 권위를 가지고 자녀들을 축복하는 것은 부모에게 가장 특별한 경험이고, 자녀들에게도 평생 잊지 못할 영적 경험으로 축적될 것입니다.

축복문의 의미

창 48:8-9에 "요셉이 그의 아버지에게 아뢰되 이는 하나님이 여기서 내게 주신 아들들이니이다. 아버지가 이르되 그들을 데리고 내 앞으로 나아오라 내가 그들에게 축복하리라"고 했고, 창 48:20에는 "이스라엘이 너로 말미암아 축복하기를 하나님이 네게 에브라임 같고 므낫세 같게 하시리라, in your name will Israel pronounce this blessing: May God make you like Ephraim and Manasseh"고 했습니다. 유대인은 이 축복문을 신통한 주문이 아니라 '제사장의 축복'과 또 다른 '자녀 축복의 장치'로써 사천 년 무게의 명령으로 받아들이고 있었습니다. 풍요로움은 서로 축복하고 축복받을 수 있는 능력에서 비롯됩니다. 풍요롭기 때문에 축복하고 축복받는 것이 아니라 축복할 수 있는 시간과 믿음 때문에 풍요로워지는 것입니다.

왜 하필 야곱은 '에브라임 같고 므낫세 같고'라고 축복하라 명령했겠습니까? 첫째, 모든 복 가운데 사람이 제일 귀한 복이요 하나님의 영원한 목표이기 때문입니다. 그 어떤 축복도 하나님의 형상, 하나님의 자녀, 그리스도를 본받는 자유로운 인격을 넘어설 수 없습니다. 벧후 3:11의 "그러면 너희가 어떤 사람이 되어야 마땅하냐"는 말씀에 이런 종말론적 기대가 담겨있습니다. 둘째, 에브라임과 므낫세는 서로 의좋은 형제였습니다. 이스라엘 족장들의 형제 사이는 늘 투쟁하는 관계였습니다.

그러나 야곱이 17년간 그들을 지켜봤을 때 기특하게도 서로 다투지 않았고 화목하게 살았습니다. 이스라엘 조상들 가운데 서로 싸우지 않은 첫 형제였습니다. 이들이 화목하게 지낸 까닭은 삶의 초점을 사랑의 공동체와 민족을 위한 선한 일이라는 보다 높은 목적에 두었기 때문입니다. 그들은 자신에 대한 관심보다 나눔의 흐름을 통해(행 4:32-37, 히 10:24) 공동체의 유익을 앞세웠기에 쉽게 하나가 될 수 있었습니다(요 13:34-35, 요일 4:12).

셋째, 에브라임과 므낫세는 세속적인 환경 속에서도 늘 신앙적인 가치를 지켰습니다. 아버지 요셉은 17세에 형들에게서 애굽으로 팔려와 110세까지 무려 93년을 애굽에서 살았지만 자신의 정체성을 잃지 않았습니다. 자신이 하나님의 백성임을 기억하고 하나님의 약속을 바라보며 하나님의 시선을 의식했기 때문에 하나님의 백성에 걸맞은 삶을 살아냈습니다. 반면에 그의 아들 에브라임과 므낫세는 애굽에서 태어나 평생을 살다가 애굽에서 죽었지만 그들 또한, 하나님을 경외하지 않는 애굽의 문화와 가치관 속에서 자신들의 정체성을 잃어버리지 않았습니다. 자신들이 하나님의 백성이라는 분명한 정체성을 가지고 그 정체성에 걸맞은 삶을 살았던 것입니다.

족장 야곱은 손자 에브라임과 므낫세를 축복할 때 이미 그의 후손들이 애굽 땅에서 오랫동안 살게 될 것을 알았기 때문에 언약의 차원에서 하나님의 백성이 '이 땅에서 어떻게 살아야 하는가?'에 대한 명령과 함께 삶의 방향을 제시했던 것입니다. "사랑하는 자손들아 너희는 어디에서 어떤 상황에 처하든지, 어떤 대가를 지불할지라도 하나님의 언약 백성임을 잊어선 안 된다. 신앙은 실패하지 않는 것이 아니라 자주 실패하지만 오뚜기처럼 다시 일어나 전

진하는 것이다." 유대인이 안식일을 지킨 것이 아니라 안식일이 그들을 지켰다는 후대의 평가처럼 역사적으로 유대인은 안식일식탁예배에서 부모의 자녀 축복을 통하여 자신들의 정체성과 존재감을 확인해 왔던 것입니다.

부연적 의미

신약시대를 살아가는 우리는 언제나 하나님께 예수님의 이름으로 나아가야 합니다(요 14:14, 16:23). 그러므로 '야곱의 식탁'의 축복문은 "예수님의 이름으로 축복하노라"로 마칩니다. 이는 만물의 회복자요 신구약을 온전히 성취하신 예수님의 이름으로 축복함으로써 하나님께 영광을 돌리는 것입니다(요 14:13). 이에 따른 유익은 첫째, 예수님으로부터 임한 하나님의 나라(고전 1:30)는 교회의 위임과 가정의 위임을 통해 그 완벽한 통치를 실현합니다(엡 1:23). 믿음의 조상 아브라함에게 약속된 "너는 복이 될지니 땅의 모든 족속이 너로 말미암아 복을 얻을 것이라"(창 12:2-3)는 축복의 선언은 그의 증손 에브라임과 므낫세에게만 아니라 그의 영적 후손들인 모든 신자에게 주어졌습니다.

왜냐하면 하나님의 은혜로운 언약이 예수 그리스도의 구원 사건으로 성취되었고 그것이 신약의 교회에 위임되었기 때문입니다. 교회의 위임은 마 28:18-20의 대위임명령으로, 가정의 위임은 신 6:4-9의 쉐마교육명령의 정점인 '부모의 자녀 축복'으로 실현됩니다. 두 명령에는 성령의 능력과 함께하는 권세가 약속되어 있습니다(마 12:28, 요 1:12, 고전 4:20).

둘째, 하나님과 부모와 자녀, 이 삼자가 원시적 삼각 형태로서 강렬한 영적 유대를 경험합니다. 부모와 자녀가 예수님의 기도 안에서 하나가 됩니다. 부모와 자녀와 손자의 신앙 3대가 원초적 사랑, 거룩한 하나님의 사랑으로 묶입니다. "내 것은 다 아버지의 것이요 아버지의 것은 내 것이온데 내가 그들로 말미암아 영광을 받았나이다 나는 세상에 더 있지 아니하오나 그들은 세상에 있사옵고 나는 아버지께로 가옵나니 거룩하신 아버지여 내게 주신 아버지의 이름으로 그들을 보전하사 우리와 같이 그들도 하나가 되게 하옵소서"(요 17:10-11).

기독교 신앙이란 사실 교훈이나 도덕성의 차원이 아니요 실제로는 하나님과의 접촉(contact)에서 발생합니다. 모든 생명은 접촉을 통해 생겨나며 접촉 없는 성장은 없습니다. "여호와 하나님이 땅의 흙으로 사람을 지으시고 생기를 그 코에 불어 넣으시니 사람이 생령이 되었다"는 창 2:7의 그림을 사도 바울은 고전 15:45에서 생령이 된 첫 사람 아담과 살려 주는 영이 되신 예수님을 대비시켜 설명합니다. 마치 콘센트에 플러그를 꽂듯이 인간은 말씀과 성령, 곧 하나님의 약속에 대한 믿음으로 하나님과 접속될 때 비로소 생명의 부활과 신비한 연합을 경험합니다.

그러므로 그 친밀함의 상징으로써 부모의 안수 행위는 보이는 축복, 감각적으로 느껴지는 말씀의 관점에서 예전적인 성격이 있습니다. 가정예배에서 부모의 축복은 "네 조부의 하나님, 네 아버지의 하나님이 곧 네 하나님이 되신다."(신 6:2, 행 16:31)고 약속된 축복을 선언하는 것과 같습니다. 이보다 귀한 권위는 세상에 또 없습니다(출 21:15, 17 ; 신 21:18-21, 딤전 5:22). 이 축복의 권세를 부모와 조부모에게 되돌려줍시다.

셋째, 삶의 모든 정황에서 하나님의 주권을 고양하는 개혁주의 신앙의 강력한 실천 의지를 담아냅니다. 사도 바울은 "그런즉 너희가 먹든지 마시든지 무엇을 하든지 다 하나님의 영광을 위하여 하라(고전 10:31), 오직 너희는 그리스도의 복음에 합당하게 생활하고 한마음으로 서서 한

뜻으로 복음의 신앙을 위하여 협력하라(빌 1:27)"고 했습니다. 예수님의 이름으로 하는 부모의 축복을 통하여 자녀들은 복음적 삶의 실천적 용기와 능력을 공급받습니다(마 5:13-16, 행 11:21). 자연과 세상이라는 하나님의 통치 영역, 즉 은혜를 베푸시는 삶의 현장에서 하나님의 약속이 실현되는 기적의 증인들이 되는 것입니다(신 28:1-19, 시 103:1-14, 고전 13:1-13).

이를테면 사랑하는 자녀가 신전 인격자로서 하나님을 경외하고 형제간의 우애와 언약 백성의 정체성과 그에 걸맞은 삶, 그리고 고난을 극복하는 신앙의 '견고성(므낫세)' 및 수고한 땅에서 언약 백성의 '번성함(에브라임)'을 간구한 것입니다(창 41:51-52). 또, 딸에게는 믿음의 족장들 부인의 이름으로 축복하는(창 17:15~16, 24:60; 룻 4:11) 것은 하나님의 언약이 사랑하는 딸과 딸이 생산할 믿음의 자녀를 통하여 이어지고, 그로 인해 이스라엘의 집이 세워지기를(창 1:28) 기원한 것입니다.

저는 젊은 히브리 부인들의 '내가 남편을 지키고 자녀를 세운다'는 신앙적 긍지와 넘치는 자부심이 안식일식탁예배를 성공시켰다고 평가합니다. 구약성경에 새 왕이 즉위할 때마다 '그의 어머니의 이름은 ○○○요 ○○○의 딸

이더라'는 소개가 29번이나 나옵니다. 자녀교육의 마지막 보루가 어머니란 뜻이 아닐까요?

교회에서 적용하기까지

그렇다면 부모의 축복이 강조된 가정예배를 성도들에게 어떻게 공감시키며 교회와 가정에서 실현할 수 있겠습니까? 저는 두 가지 방법으로 실행에 옮겼습니다. 첫째, 교회에서는 2013년 3월 3일 주일 오후예배부터 매월 '3대가 함께하는 온가족예배'를 실시하였고, 가정에서는 매주 부모의 자녀 축복을 특징으로 한 '야곱의 식탁'이란 이름의 가정예배를 시작하였습니다.

안식일 식탁 예배는 유대인의 전유물이 아니라 구약교회의 아름다운 신앙 전통입니다. 구약교회의 예배적 요소가 예수님 이후 신약교회로 이어진 것처럼 구약교회에 있었던 가정예배의 좋은 요소를 신약교회의 가정예배에 회복시키는 것은 너무도 당연한 일입니다. 그 요소가 바로 '축복'과 '대화'입니다. 이런 면에서 안식일 식탁 예배는 기독교 가정예배의 좋은 시사점(示唆點)이 될 것입니다(삼하 6:20). "하나님께서 사랑하는 자녀 ○○○을 에브라임 같고 므낫세 같게 하시기를 원하노라 주 예수님의 이름으로 축복하노라." 이렇게 생생한 부모의 음성과 손길로 축복받고 자란 자녀는 쉽게 잘못될 수 없고, 자신도 즐겁게 후손을 축복합니다(고후 1:11).

둘째, 총회 차원에서 소개하고 진행한 일입니다. 제63회 고신총회(2013. 9. 24)에서 제가 총회장으로 취임하면서 고신총회의 새로운 정체성을 제시하며 '고신 성도들의 신앙생활 수칙'에 '제2항 가정, 온가족이 함께하는 가정예배(야곱의 식탁)로 신앙의 명가를 세운다.'를 포함시켰습니다.[1]

그러므로 저는 '야곱의 식탁'이란 이름의 가정예배에 대해 설명할 의무를 지게 되었습니다. 이렇게 '야곱의 식탁'을 제안한 목적은 정통파 유대인의 안식일 식탁 예배를 도입하려는 것이 아니라 구약성도들이 가정에서 행한 자녀 축복의 좋은 요소를 개혁주의 교회의 가정예배 가운데 되살리고자 함입니다. 이번에 발간한 '야곱의 식탁' 개정판은 유대인에 대한 거부감을 가진 성도들을 여러 가지 방

---

1. 고신총회 비전, 「고신총회 소개와 전망」(서울 ; 총회출판국, 2014)총회출판국, 2014, 4; 본서 43면에 전문 게재.

법으로 설득한 지난 5년간의 결과물입니다.

많은 학자들이 가정예배의 당위성을 강조하면서도 쓸 만한 틀을 제시해주지 못했습니다. 그래서 저는 '쉐마 이스라엘(신 6:4-9)'로 시작되는 교육명령의 꽃이요 정수인 구약교회의 안식일식탁예배를 주목했습니다. 그 결과로 송도제일교회는 부모의 자녀 축복에 방점을 둔 '야곱의 식탁'을 발간하여 초판 3쇄를 낸 후, 폭넓은 연구를 위해 고신총회교육원에 헌정했습니다. 저는 개인적으로 '축복과 대화가 있는' 성경적이고 현대적인 모델, '야곱의 식탁'이 머잖아 한국교회 가정예배의 대세가 되리라고 예상합니다.

가정교육전문가 리치 멜하임(Rich Melheim)은 부모의 신앙교육 핵심사역을 자녀와 일상을 함께 나누고(Share), 성경을 함께 읽으며(Read), 신앙적 대화를 하고(Talk), 자녀의 현재와 미래를 위해 기도해주고(Pray), 서로를 축복하는 것(Bless)이라고 주장합니다.[2] 고신총회 교육전문가들은 이러한 부모의 핵심 사역이 적절히 어우러진 모습을 '야곱의 식탁'이 잘 보여준다고 평가합니다.[3]

---

2. Melheim, Rich. Holding Your Family Together: 5 Simple Steps to Help Bring Your Family Closer to God and Each Other. Baker Books, 2013.

3. 조성국 외, 『오늘의 주일학교, 어떻게 할 것인가?』 천안: 대한예수교장로회 총회교육원, 2017, p.87.

실제로 우리 교회의 많은 가정에서 '야곱의 식탁'을 통해 의미 있는 변화를 경험하고 있습니다. 지난 5년간의 개인적 경험에 비춰볼 때 가정과 교회에서 보다 쉽게 '야곱의 식탁'을 시작하기 위해선 이 책의 홍보대사들을 초청한 집회가 유익하였고, 무엇보다 교인들이 함께 이 책을 읽는 것이 효과적이었습니다. 최고의 선택은 긴 시간을 허락하지 않습니다!

제63회 총회의 표제

복음의 길, 3세대의 따뜻한 동행 (롬 1:16)
The Path of the Gospel, Walking together in harmony with Intergeneration

61주년 이후의 과제(2013~)

복음적 신앙과 복음적 삶으로의 회복 (빌 1:27)
To recover and return to the faith and life worthy of the Gospel

고신 성도들의 신앙생활 수칙

The five practices of Christian life as Kosin believers

개인 규모 있는 개인경건생활과 건강한 교회생활에 힘쓴다.
Personal, the believer works hard to maintain a personal relationship with God and a healthy spiritual life at church and work.

가정 온가족이 함께하는 가정예배(야곱의 식탁)[1]로 신앙의 명가를 세운다.
Family, the believer establishes the family's faith(Jacob's Table) as the whole household worships together.

교회 복음전도와 사회봉사(사랑의 실천)로 세상의 빛과 소금이 된다.
The church, the believer becomes the salt and the light in the world through evangelism and community service that is rooted in love.

총회 총회본부의 열 개 부서[2]와 학교법인 세 기관[3]을 위해 기도하고 지원한다.
General Assembly, the believer prays and supports the 10 departments of headquater within the General Assembly and 3 educational school corporations.

세상 남북의 평화통일과 개혁주의 세계교회 건설을 위해 헌신한다.
The world, the believer devotes time in the construction of the Reformed Church and the peaceful reunification of North and South Korea.

---

1) **야곱의 식탁** : 정통파 유대인의 안식일 식탁 예배에서 부모의 축복, 말씀의 암송을 응용하여 송도세일교회가 제정한 온가족 식탁예배
2) **총회본부 열 개 부서** : 행정지원실, 재무실, 총회교육원, 총회출판국, 학생신앙운동(SFC), 유사기독교상담소, 고신언론사, 총회유지재단, 총회은급재단, 세계선교센터
3) **학교법인 세 기관** : 고신대학교, 고려신학대학원, 고신대학교복음병원

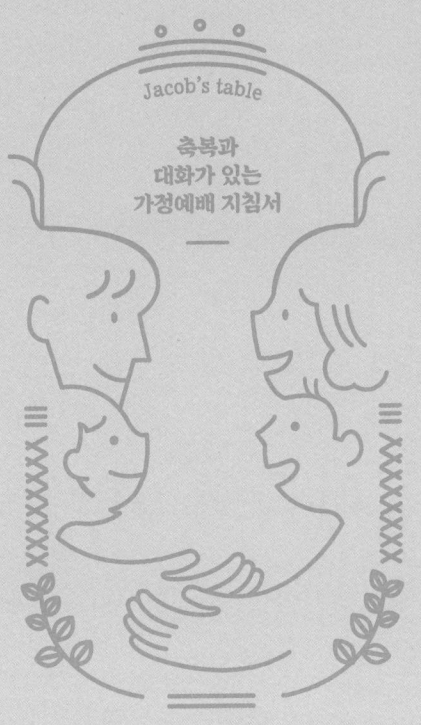

1장
야곱의 식탁 정의와 목적

야곱의식탁

Jacob's table

1장
야곱의 식탁 정의와 목적

야곱의 식탁이란 무엇인가?

한국교회가 위기다. 성장을 멈췄다. 교인의 평균 연령은 높아지고, 젊은 세대와 주일학생은 줄고 있다. 신앙이 있다고 말하지만 교회는 출석하지 않는 일명 '가나안 성도'도 늘고 있다. 더욱이 자녀 세대의 신앙이 부모 세대만 못하다. 어느 아버지의 고백이다. "제 아버지는 장로이고 저는 장립집사입니다. 그런데 대학생인 제 아들은 주일예배도 드리지 않습니다. 어떻게 해야 합니까?" 이처럼 자녀의 신앙 문제로 고민하는 부모가 많다. 이런 문제들을 어떻게 풀어야 하는가? 현실적인 대안은 없는가?

우리는 유대인의 안식일식탁예배에서 그 대안을 찾았다. 바로 거기에서 세 가지를 보았는데 첫째는 축복이요 둘째는 성경 교육이요 셋째는 그 장소인 가정이었다. 유대인 부모는 자녀를 가슴에 안은 뒤 머리에 손을 얹고 축복한다. "하나님께서 사랑하는 아들 ○○를 에브라임 같고 므낫세 같게 하시기를 원하노라"(창 48:20). 아버지가 자녀에게 질문과 대화라는 방법으로 하나님의 말씀을 가르친다. 부모가 자녀를 축복하고 말씀을 교육하는 장소는 다름 아닌 가정이다.

송도제일교회는 이런 안식일식탁예배에서 힌트를 얻어 다음세대에게 신앙의 유산을 물려주기 위해 교회교육의 보완장치를 마련했다. 온가족이 일주일에 한 번 만나, 부모가 자녀를 축복한다. 하나님의 말씀인 성경을 주제로 서로 질문하고 대화한다. 그 장소는 교회가 아닌 가정이다. 송도제일교회는 가정을 신앙교육의 장으로 만들었고, 축복과 대화가 있는 가정예배를 '야곱의 식탁'이라고 정의했다.

전통적인 가정예배와 어떻게 다른가?

첫째, 부모가 자녀에게 안수하여 축복한다. 전통적인 가정예배에서는 부모가 자녀를 안수하여 축복하지는 않는다. 그러나 야곱의 식탁은 부모가 자녀를 가슴에 안은 후 머리에 손을 얹고 축복한다.

둘째, 설교가 없다. 설교 대신에 질문과 대답을 한다. 온가족이 성경을 주제로 대화하고, 일주일 동안의 삶을 나눈다. 부모가, 특별히 아버지가 가정예배를 위해 설교를 준비하는 일은 참으로 귀하다. 그러나 일방향적 선포는 자칫 부모의 욕망과 기대가 섞여 자녀 편에서 '잔소리'로 들릴 위험이 있고, 이는 더욱 자녀의 마음문을 닫게 만들 여지가 있다. 그래서 야곱의 식탁은 대화와 축복 중심이다.

셋째, 틀에 얽매이지 않는다. 기본적인 매뉴얼은 제시하지만 각 가정의 형편에 따라 자유롭게 변경할 수 있다. 축복을 먼저 할 수도 있고 뒤에 할 수도 있다. 다른 요소들을 더하거나 뺄 수도 있다. 시간과 장소가 정해져 있어도 가끔은 분위기 전환을 위해 다른 장소에 모이는 것도 괜찮다. 식당이나 카페도 좋고 공원이나 그 외 다른 장소에서 만날 수도 있다. 꼭 우리 가족만이 아니라 평소에 가깝게 지내는 가정을 초청하여 만나도 된다. 하다 보면 각 가정에 맞는 틀을 찾을 수 있다.

넷째, 간단한 다과(茶菓)가 있다. 사람에게 있어 먹고 마시는 행동은 중요하다. 음식은 생명을 유지하는 데 필요할 뿐만 아니라 인간 사회에서 유대관계를 맺을 때 반드시 있어야 하는 것이다. 사람은 함께 밥을 먹거나 차를 마시면서 대화하면 친밀해진다. 예수님도 사람들과 만나 먹고 마시면서 대화하는 것을 중요시했다.

왜 하는가?

첫째, 가정을 신앙교육의 장으로 만들기 위함이다. 하나님은 부모에게 선물로 주신 자녀를 잘 키워야 하는 사명을 주셨다. 하지만 자녀를 키워본 경험이 있는 분들은 자식농사가 결코 쉽지 않음을 잘 안다. 백인백색(百人百色)이란 말처럼 사람은 타고난 성격, 품성, 재능이 다 다르기 때문이다. 그럼에도 부모는 하나님이 주신 사명을 감당해야 한다. 하나님을 경외하는 자녀로 키워야 하고 하나님의 말씀에 자발적으로 순종하는 자녀로 양육해야 한다(전 12:13)[1]. 이런 자녀로 양육하려면 한 주에 겨우 한두 시간인 주일학교 교육만으로는 턱없이 부족하다. 교회와 가정이 연계하는 신앙교육 인프라를 구축하여 가정을 신앙교육의 장으로 만들어야 한다.

둘째, 부모가 자녀를 축복하기 위함이다. 자녀가 이 땅에 태어나면서부터 야곱의 식탁에서 부모의 축복기도를 받았다고 가정해 보라. 자녀의 머리와 가슴에 새겨져서 평생 동안 아름다운 기억으로 남을 것이다. 부모의 따뜻한 손길, 사랑스런 목소리, 축복의 내용은 평생 잊지 못할 소중한 신앙의 유산이 될 것이다. 『다니엘 자녀교육법』의 저자인 박삼순 전도사는 신앙생활을 시작하면서 삼남매의 머리에 손을 얹고 축복했다. "사랑하는 딸 수미는 피아노로 하나님을 기쁘시게 하는 자녀가 되게 하옵소서. 큰아들 동환이는 사람들의 영혼을 치료하는 하나님의 종이 되게 하옵소서. 작은아들 경한이는 육신의 병을 고치는 의사가 되어서 하나님을 영화롭게 하는 이가 되게 하옵소서." 삼남매는 어머니의 축복기도대로 딸은 피아니스트가 되

---

[1] 일의 결국을 다 들었으니 하나님을 경외하고 그의 명령들을 지킬지어다 이것이 모든 사람의 본분이니라 (전 12:13)

었고, 큰아들은 목사가 되었으며, 작은아들은 의사가 되었다. 김동환 목사는 "어머니의 축복기도를 평생 잊을 수 없다"고 말한다.

셋째, 가족이 대화를 하면서 소통하기 위함이다. 어릴 때 가정예배를 경험한 분은 긍정적인 기억보다는 "지겹다, 재미없다, 지루하다, 너무 길다"는 부정적인 기억이 더 많다. 그 이유는 아버지의 딱딱한 훈계나 지겨운 잔소리를 듣는 시간이었기 때문이다. 모임이 행복하려면 듣기도 하고 말하기도 해야 한다. 상대방의 생각과 의견을 들을 뿐만 아니라 자기의 생각과 의견도 말하는 모임이 즐겁다. 야곱의 식탁에는 듣기와 말하기가 있고 질문과 대답이 있다. 식탁 위에는 다과도 있으니 분위기가 좋고 그 시간이 행복하다. 대화를 통해 부모는 자녀를, 자녀는 부모를 이해하게 된다. 대화가 풍성하니 서로 친밀해진다. 야곱의 식탁은 가족이 대화하면서 소통할 수 있는 좋은 가족모임이다.

넷째, 일주일에 한 번은 정기적으로 만나기 위함이다. 요즈음 우리는 가족이 한 자리에 모이기 힘든 환경 속에서 살아가고 있다. 부모는 부모대로 자녀는 자녀대로 바쁘다. 부모는 직장일로 자녀는 공부로 바쁘다. 그렇다면 주일은 어떤가? 부모는 열심히 봉사한다고, 자녀도 부서 모임에 참석한다고 얼굴 마주치기도 힘들다. 현실적으로 일주일에 한번이라도 온 가족이 한 자리에 모일 수 있는 시간이 없다. 그러므로 가족이 한 자리에 만나기 위해서는 제도적인 장치가 필요한데 야곱의 식탁은 가족이 일주일에 한번은 정기적으로 만날 수 있는 환경을 제공한다.

어떤 유익이 있는가?

첫째, 행복한 가정이 된다. 야곱의 식탁에서 축복하고 대화하는 것, 처음에는 낯설다. 불편하고 어색하다. 그렇지만 지속하면 점점 익숙해진다. 마음의 문이 열리고 가족 간에 대화가 많아진다. 가족의 소중함을 알게 되고 서로에 대한 관심과 사랑도 깊어진다. 관계가 회복되고 행복한 가정이 된다.

둘째, 부모의 신앙이 자란다. 야곱의 식탁에서 나누는 대화의 초점은 하나님의 말씀이다. 주일예배와 주일학교에서 배운 내용으로 질문하고 대답한다. 이를 위해서는 부모가 먼저 설교를 경청해야 하고, 자녀가 주일학교에서 배운 말씀도 살피고, 몇 가지 질문도 준비해야 한다. 자녀가 질문하면 지혜롭게 대답도 해야 하니 부모의 신앙도 성장한다. 셋째, 자녀의 신앙을 점검할 수 있다. 일주일에 한 번씩 대화를 하다보면 자녀의 신앙 수준과 영적인 상태를 알 수 있다. 구원의 확신은 있는지, 경건생활은 잘 하는지, 하나님의 자녀라는 정체성은 있는지, 그 신분에 걸맞은 삶을 살아가는지 살필 수 있다.

넷째, 신앙의 대를 이을 수 있다. 부모가 축복문의 뜻을 알려주며 축복하고, 매주 성경을 주제로 질문하고 대답하면, 자녀는 부모가 인격을 통해 전해주는 하나님을 만날 수 있다. 이런 과정을 통해 자연스럽게 부모의 신앙관이 전해지고, 하나님을 경외하는 신앙이 이어지게 할 수 있다.

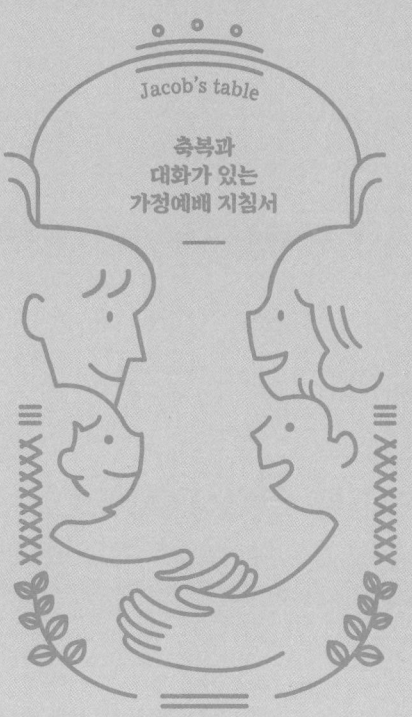

Jacob's table

축복과
대화가 있는
가정예배 지침서

2장

자녀 축복

Jacob's table
야곱의식탁

2장

자녀 축복

왜 자녀를 축복해야 하는가?

그리스도인의 특권이자 하나님의 뜻이다

하나님은 사람을 창조하시며 복이 되게 하셨다(창 1:28)[1]. 아브라함을 그의 백성으로 삼으시면서 복이 되게 하셨다(창 12:1-2)[2]. 애굽에 있던 이스라엘을 구원하신 후 제사장

---

1. 하나님이 그들에게 복을 주시며 하나님이 그들에게 이르시되 생육하고 번성하여 땅에 충만하라, 땅을 정복하라, 바다의 물고기와 하늘의 새와 땅에 움직이는 모든 생물을 다스리라 하시니라 (창 1:28)
2. 여호와께서 아브람에게 이르시되 너는 너의 고향과 친척과 아버지의 집을 떠나 내가 네게 보여 줄 땅으로 가라 내가 너로 큰 민족을 이루고 네게 복을 주어 네 이름을 창대하게 하리니 너는 복이 될지라(창 12:1-2)

으로 하여금 그의 백성을 향해 복을 빌라고 말씀하셨다(민 6:22-27)[3]. 그리고 갈릴리의 한 산에 오르신 예수님은 하나님의 백성이 받을 마땅한 복을 말씀해 주셨으며(마 5:3-12)[4], 예수님께 찾아온 아이들을 친히 축복하셨다(막 10:16)[5]. 그 외에도 성경 곳곳에서 하나님은 우리에게 주실 복을 선언하시며 축복하라고 말씀하신다.

이처럼 축복하는 것은 하나님의 뜻이자 그리스도인들이 누릴 특권이다. 그러므로 교회에서 목회자가 성도를 축복하며 성도도 서로를 축복한다. 하지만 부모가 자신의 자

---

3. 여호와께서 모세에게 말씀하여 이르시되 아론과 그의 아들들에게 말하여 이르기를 너희는 이스라엘 자손을 위하여 이렇게 축복하여 이르되 여호와는 네게 복을 주시고 너를 지키시기를 원하며 여호와는 그의 얼굴을 네게 비추사 은혜 베푸시기를 원하며 여호와는 그 얼굴을 네게로 향하여 드사 평강 주시기를 원하노라 할지니라 하라 그들은 이같이 내 이름으로 이스라엘 자손에게 축복할지니 내가 그들에게 복을 주리라 (민 6:22-27)

4. 심령이 가난한 자는 복이 있나니 천국이 그들의 것임이요 애통하는 자는 복이 있나니 그들이 위로를 받을 것임이요 온유한 자는 복이 있나니 그들이 땅을 기업으로 받을 것임이요 의에 주리고 목마른 자는 복이 있나니 그들이 배부를 것임이요 긍휼히 여기는 자는 복이 있나니 그들이 긍휼히 여김을 받을 것임이요 마음이 청결한 자는 복이 있나니 그들이 하나님을 볼 것임이요 화평하게 하는 자는 복이 있나니 그들이 하나님의 아들이라 일컬음을 받을 것임이요 의를 위하여 박해를 받은 자는 복이 있나니 천국이 그들의 것임이라 나로 말미암아 너희를 욕하고 박해하고 거짓으로 너희를 거슬러 모든 악한 말을 할 때에는 너희에게 복이 있나니 기뻐하고 즐거워하라 하늘에서 너희의 상이 큼이라 너희 전에 있던 선지자들도 이같이 박해하였느니라 (마 5:3-12)

5. 그 어린 아이들을 안고 그들 위에 안수하시고 축복하시니라 (막 10:16)

녀를 의도적으로 축복해야 한다는 데까지 생각이 미치지 못한다. 자녀는 부모가 가장 사랑하고 가장 많이 축복해야 할 대상이다. 그러므로 자녀 축복은 하나님이 부모에게 부여한 특권이자 하나님의 뜻임을 인정하고 지금부터라도 시작해야 한다.

그리스도인의 시대적 사명이다

급격한 출산율 저하[6]로 자녀가 한두 명뿐인 부모들에게 자녀 교육은 매우 중요하다. 가정에 자녀가 적으니 귀할 수밖에 없고 자연스럽게 부모들은 자녀들에게 집중한다. 특히 자녀들의 미래를 걱정하면서 진학과 취업을 위해 물심양면으로 돕는다. 이러한 환경 속에서 크리스천 부모들은 한 가지 부담을 더 지게 되는데 그것이 바로 신앙교육이다. 부모의 간절한 소망은 신앙을 자녀에게 물려주고, 자녀가 하나님 앞에 멋진 크리스천으로 살아가는 것이다. 이처럼 부모들은 학업과 신앙이라는 두 마리 토끼를 함께 잡아야 하는 부담감을 갖는다. 이러한 현실 속에서 야곱의

---

6. 2004년부터 2014년까지 평균 1.19명이며 2004년 1.154, 2014년 1.205명이다. 출처: 국회입법조사처 균형 인구 산정과 정책적 함의, 통계청 보도자료: 2014년 출생통계(확정) 대한민국 시도별 출산율(2004-2014)

식탁에서의 자녀 축복은 좋은 대안이다.

어떻게 축복해야 하는가?

한 명씩 축복한다

축복할 때는 아버지와 어머니가 각각 자녀들을 한 명씩 가슴에 끌어안고 머리에 손을 얹은 후 귀에 들려준다. 손을 얹는 것은 하나님이 부모에게 주신 축복의 권한을 정당하고 엄숙하게 행사하는 공적인 행위이다. 이러한 모습을 보며 자녀는 부모가 하는 축복을 진중하게 받아들인다. 또, 한 명씩 격식을 갖춰 축복하는 것도 중요하다. 처음에는 어색하지만 익숙해지면 서로 친밀감이 높아지며 자녀들은 부모에게 사랑받는 존재라는 인식을 갖고 자존감이 높아지는 등 많은 유익이 있다. 그러므로 힘들더라도 아버지와 어머니가 각각 그리고 자녀를 한 명씩 축복해야 한다.

꾸준하고 지속적으로 축복한다

정해진 날과 시간을 지켜서 지속적으로 축복하는 것이 좋다. 콩나물에 물을 주면 물이 다 빠져나가지만 시간이 지나면 자라나 있는 것처럼 자녀에게 행하는 축복의 유익도 이와 같기 때문이다. 자녀 축복을 시작한 후 한 달이 지나고 일 년이 지나도 아무런 변화가 없어 보일 때가 있지만 부모는 인내해야 한다. 비록 자녀에게 뚜렷한 변화가 생기지 않아도 부모는 지속적인 사랑과 관심으로 인내하며 축복한다면 분명히 좋은 결과가 있을 것이다.

의미를 알려주며 축복한다

부모는 기회가 있을 때마다 자녀에게 축복하는 내용이 무엇인지 이해할 수 있도록 도와주어야 한다. 호손 단편 소설 〈큰 바위 얼굴〉의 주인공 어니스트가 마을에 있던 큰 바위 얼굴만 보고 있었다면 그는 위대한 사람이 될 수 없었을 것이다. 어려서부터 자신의 마을에 큰 바위 얼굴과 똑같이 생긴 위대한 인물이 나타날 것이라는 전설을 들으며 자랐고, 자신도 큰 바위 얼굴과 같은 사람이 되길 원하던 소망이 그를 큰 바위 얼굴과 같은 사람으로 만들어 주었다. 그러므로 부모는 자녀에게 축복의 의미를 지속적으로 알려주어야 한다. 그러면 자녀들이 자라면서 그 축복의 의미를 이해하고 그 축복문대로 살기 위해 노력할 것이다.

축복의 유익은 무엇인가?

하나님과 인격적인 만남을 도와준다

자녀들에게 행하는 축복은 예수 그리스도를 믿는 믿음을 전제한다. 그러므로 이 축복 속에는 자녀가 예수님을 잘 믿었으면 좋겠다는 신앙의 소원이 함께 있다. 이러한 부모의 축복은 자녀들에게도 하나님에 대한 좋은 이미지를 준다. 우리도 어떤 사람의 이름을 자주 들으면 본 적이 없지만 친근하게 여겨지고 어쩌다 만나게 되면 몇 배나 더 반갑고 가깝게 느껴진다. 이처럼 어려서부터 자녀가 하나님에 대한 이야기를 듣고, 축복받으면 하나님에 대해 좋은 이미지와 친숙함을 가지게 한다.

부모와 자녀간의 유대 관계를 강화한다

야곱의 식탁에서 부모가 자녀를 축복할 때는 먼저 자녀를 품에 안고 머리에 손을 올린다. 그리고 난 후 자녀의 귀에 대고 부모의 사랑과 소망을 담아 부드러운 소리로 축복문을 들려준다. 이렇게 반복된 스킨십과 축복의 메시지는 자녀에게 자신을 향한 부모의 사랑을 알게 해주고 부모와의 친밀감을 높여준다. 형식을 갖춰 축복하다 보면 처음에는 어색하겠지만 점점 자연스럽고 서로에게 마음속 깊은 이야기를 나눌 수 있는 깊은 유대가 형성된다.

자녀에게 건강하고 견고한 자존감을 갖게 한다

미국의 철학자 도로시 로 놀테(Dorothy Law Nolte)는 자신의 시 〈아이들은 생활에서 배운다(Children Learn What They Live)〉에서 '칭찬 받으며 자란 아이들은 자신감을 배우고 사랑 받으며 자란 아이들은 사랑을 배운다'고 했다. 이는 부모에게 받은 좋은 영향력이 자녀들의 성품에도 좋은 영향력을 끼치게 한다는 뜻이다. 이런 측면에서 자녀 축복은 자녀들의 건강하고 견고한 자존감을 키우는 데 매우 긍정적인 역할을 한다. 어려서부터 아버지와 어머니가 자신을 안고 머리에 손을 올려놓고 축복을 해주시던 기억은 '부모님이 날 이렇게 사랑하시는구나'라는 확신을 줄 것이다. 그리고 이러한 이미지의 반복적인 경험은 자녀들에게 견고한 자존감을 만들어 준다.

위기를 만났을 때 하나님을 찾도록 도와준다

자녀가 인생의 결정적인 문제를 만나면 부모의 교훈을 기억한다. 범죄자들의 심리와 성격과 행동유형들을 분석하여 사건의 해결점을 찾는 '프로파일러'의 보고에 따르면 대부분의 범죄자들이 죄를 짓기 직전에 자신을 훈육한 부모님을 생각했다고 한다. 그때 떠올린 부모님의 교육이 강하면 강할수록 범죄율이 떨어지고 약하면 약할수록 범죄율이 상승했다고 한다. 마찬가지로 모태신앙의 성도들이 인생의 어려움을 당했을 때 자신을 믿음으로 버티게 해 주었던 것은 머리맡에서 기도하시던 부모님의 모습이었다고 한다. 야곱의 식탁에서 행하는 축복도 마찬가지다. 가정에서 매 주일 한 번 이상 야곱의 식탁에서 자녀들을 축복해 준다면, 그들이 인생에서 위기를 만났을 때 하나님을 찾을 것이다. 신앙과 세상 중 한 가지를 선택해야만 할 때나, 스스로 해결하기 어려운 일을 만났을 때, 혹은 자신을 도와주는 이가 아무도 없는 고독을 경험하게 될 때 나를 위해 축복해주시던 부모님의 하나님을 찾게 되며 위기를 극복하게 될 것이다. 이것이 바로 자녀를 축복해야 할 이유이며 축복이 주는 유익이다.

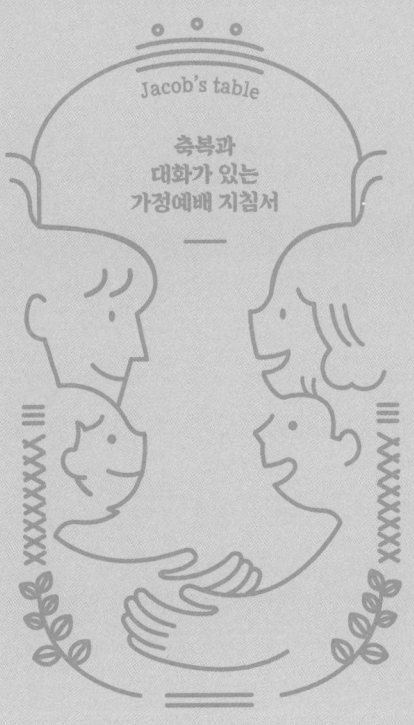

3장

배경과 흐름

Jacob's table
야곱의 식탁

3장
배경과 흐름

Back to the 가정예배

산업화로 인해 핵가족화를 우려하던 때가 불과 30년이 채 되지 않았는데 어느덧 사회는 혼인율 감소와 이혼율 증가로 인해 가정해체 현상을 고민하는 시대가 되었다. 뿐 아니라 평균 기대수명의 증가와 기록적인 출산율 감소로 고령화 사회까지 대비해야 하는 복잡한 시대를 맞이하게 되었다. 교회의 구성원 역시 사회의 구성원이기에 교회도 사회와 동일한 고민을 할 수밖에 없다. 특히 가정해체 현상과 고령화는 교회로 하여금 다음세대를 준비하고 세워야 한다는 중요한 숙제를 안겨주었다. 이러한 현상은 자연스럽게 가정을 돌아보게 했고 교회는 가정에서의 신앙생활, 그 중에서도 가정예배에 집중하게 되었다. 교회가 다음세대를 든든히 세우기 위해서는 내 가족과 내 자녀를 외면하고는 생각할 수 없는 문제이기 때문이다. 과거 자녀의 신앙교육을 '교회에만 맡기면 된다는 인식에서 교회와 가정이 함께 해야 한다.'로 생각이 전환된 것이다. 다음세대를 세우고 자녀에게 믿음을 전수하기 위해서는 가정에서의 신앙교육이 무엇보다 중요하다. 그리고 가정에서의 신앙교육 중 가장 먼저 생각할 수 있는 것이 가정예배이다. 이유는 가정의 주인이 하나님이시며 삶의 목표가 하나님이시라는 원칙을 가정예배를 통해 배우기 때문이다. 그리고 가정예배는 구성원 모두가 함께 모여 신앙의 가치관을 공유하며 신앙의 좋은 습관(말씀의 읽기와 듣기, 기도)을 훈련하는 장이 되기 때문이다.

가정예배는 어떤 역사를 가지고 있을까? 성경은 신명기 6장 4절에서 '들으라 이스라엘'이라고 부르며 자녀에게 부지런히 하나님의 말씀을 가르치라고 명령한다. 이 명령은 고스란히 현대 유대인들이 자녀를 가르치는 교육헌장이 되었다. 구약의 하나님의 백성 즉, 성도들은 신명기 6장의 '쉐마 이스라엘'을 중심으로 자녀를 말씀으로 가르쳤다. 그리고 이러한 가르침은 '안식일식탁예배'속에서 이루어졌다. 훗날 성전이 훼파된 이후에는 성전의 요소가 가정으로 들어오면서 회당예배와 함께 집중적으로 발달하였다. 그리고 그 예배의 요소는 '정결례, 자녀 축복, 성경읽기, 찬양, 헌금, 식사 등'이었다. 가정예배는 신약시대에도 이어졌다. 고넬료는 가족의 구원을 위해서 베드로를 초청하였고(행 10장), 고린도에서는 아굴라와 브리스길라의 가정을 중심으로 예배를 드렸다(롬 16:5). 이들이 드린 가정예배의 형식과 요소에 대하여는 구체적으로 알 수 없지만 당시 기독교가 유대교를 기반으로 하여 시작되었기에 안식일식탁예배와 크게 다르지 않았을 것이다. 이러한 가정예배는 중세시대로 넘어가면서 위기를 맞이한다. 사제의 권위를 중요시하는 중세교회의 교권화가 성경을 읽고 찬양을 드리는 성도들의 자유를 억압했기 때문이다. 결국 가정예배는 Dark age라 불리던 중세시대를 거치면서 수도원 기도회에만 미미한 영향을 끼치며 쇠퇴하였다.

가정예배는 종교개혁시대를 맞이하면서 마틴 루터를 중심으로 새롭게 일어난다. 특히 루터는 예배를 갱신하면서 가정예배의 실행을 강조했다. 만인 제사장직에 근거하여 부모들은 가정의 제사장으로서 신앙과 기도의 중요성을 자녀들에게 가르칠 필요가 있었기 때문이다. 이러한 루터의 정신은 그의 책 '가정예배설교(1544)'에 잘 나타나있다. 이러한 개혁교회의 전통은 웨스트민스터신앙고백서(21장)와 스코틀랜드교회의 가정예배모범 등에 흔적을 남길 정도로 확대되었고 독일과 스위스 그리고 네덜란드에까지 영향을 미쳤다. 이후 미국으로 건너간 청교도들이 가정예배의 전통을 고수, 유지했지만 제2차 부흥운동이 일어나면서 다시 쇠퇴의 길을 걷게 된 것은 교회에서 시작된 주일학교 운동 때문이었다. 본래 주일학교 운동은 길거리에 떠도는 불신 자녀들에게 복음을 전하기 위해서 시작되었다. 그러나 시간이 지나면서 불신자보다 신자들의 자녀가 더 많아지면서 가정에서의 신앙교육을 전적으로 교회에 맡기는 현상이 나타났던 것이다.[1] 이런 시점에서 파송된 선교사들에 의해 한국교회가 시작되면서 한국교회는 자연스럽게 자녀의 신앙교육을 가정이 아닌 교회 주일학교가 중심이 되는 형태로 발전되어 왔다.

이러한 교회의 역사 속에서 우리는 아쉽게도 두 가지 중요한 것을 놓쳐버렸다. 하나는 하나님께서 그의 백성들

---

1. 총회교육원(고신), '가정예배 어떻게 할 것인가?', 2018. 3. 23, p 36.

에게 알려주신 첫 명령으로써 부모가 자녀에게 신앙을 가르쳐야 한다는 것이다. 신명기 6장 쉐마 이스라엘에서 자녀교육의 주체는 부모다. 그런데 현대의 많은 부모들은 자녀의 신앙교육을 교회 주일학교에 위탁하고 자신의 의무는 팽개쳤다. 이보다 더 아쉬운 하나는 좋은 신앙의 전통인 '자녀 축복'이 사라졌다는 것이다. 구약성도들이 드렸던 '안식일식탁예배'에 있었던 '자녀 축복'이 중세시대와 종교개혁을 지나면서 사라져버린 것이다. 필자는 '축복과 대화가 있는 가정예배, 야곱의 식탁'을 발간하기 위해 자료를 준비하면서 이스라엘을 찾았었다. 당시 이스라엘 전역을 돌아다니면서 물어봤던 공통의 질문은 '당신의 가정은 하나님께서 사랑하는 아들 ○○에게 에브라임 같고 므낫세 같게 하시기를 원하노라는 축복을 하느냐?'였다. 놀라운 것은 이스라엘에 정통파와 개혁파 등 다양한 신앙적 부류가 있었음에도 그들은 동일한 축복문으로 동일하게 축복하고 있었다. 유대인들은 2천년이 넘는 세월 동안 전 세계에 흩어져서 유리하였음에도 불구하고 안식일식탁예배 속에서 자녀 축복의 전통을 유지하고 있었다.

이에 우리 교회는 2013년 봄, 유수한 세월 속에 놓쳐버렸던 '자녀 축복'을 기반으로 하여 부모와 자녀가 신앙 안에서 교제할 수 있는 '대화'를 더해 '축복과 대화가 있는 가정예배, 야곱의 식탁'을 제정하고 시작하였다. 하지만 그 시작은 그다지 순조롭지 않았다. 야곱의 식탁의 이해를 돕고 설득하기 위해 쉐마교육원 현용수 원장을 초청한 교육대회를 가졌지만 유대인에 대한 강한 거부감으로 오히려 그 시행이 지체되기도 했다. 이러한 거부감은 야곱의 식탁에서 유대적 색채를 빼내고 보다 성경적인 모습을 갖추는 데 밑거름이 되었다. 이후 교회는 '야곱의 식탁'을 시작하면서 정착을 돕기 위해 매월 첫 주 오후예배 때 '3대가 함께하는 온가족예배'를 드리고, 야곱의 식탁을 배우는 '야곱의 식탁 캠프(구 디모데학교, 주 1회)'를 개설하는 등 많은 노력을 기울였다. 이렇게 탄생한 것이 바로 '축복과 대화가 있는 가정예배 야곱의 식탁'이다.

축복과 대화가 있는 가정예배 야곱의 식탁

야곱의 식탁의 중요한 요소는 축복과 대화다. 먼저 축복은 그리스도인의 특권이자 하나님의 뜻이며(민6:22-27; 벧전2:9; 막10:16) 그리스도인에게 부여된 시대적 사명이다. 하나님께서 사람을 창조하실 때 그리고 아브라함을 부르실 때 성도를 복의 근원으로 삼으시겠다고 약속하셨다. 그러므로 우리는 할 수만 있다면 많은 이들을 향하여 축복해야 한다. 여기서 우리가 생각해볼 문제는 수많은 그리스도인들이 서로를 위해 축복하지만 정작 가장 사랑하고 또 사랑해야 할 가족에게는 축복하지 않는다는 것이다. 부모는 성경의 명령대로 누구도 대신할 수 없는 천부적 권위로 마땅히 자녀를 축복해야 한다. 부모의 자녀 축복은 하나님과 부모와 자녀를 하나로 묶는 강력한 믿음의 선물이기 때문이다.

부모가 자녀를 축복할 때 다음의 문구로 축복한다.

"하나님께서 사랑하는 아들 ○○에게 에브라임 같고 므낫세 같게 하시기를 원하노라 주 예수님의 이름으로 축복하노라"(창 48:20)
"하나님께서 사랑하는 딸 ○○에게 사라와 리브가와 라헬과 레아 같게 하시기를 원하노라 주 예수님의 이름으로 축복하노라" (창 17:16, 22:17, 24:60; 룻 4:11)

축복할 때 부모는 자녀 한 명씩 그 이름을 부르며 품

안에 꼭 안고 머리에 손을 얹고 기도한다. 다소 과한 스킨 십일 수 있지만 부모가 처음 축복기도를 시작하는 시기는 자녀가 태어나면서부터다. 이때는 애착관계를 형성하는 중요한 시기다. 생후 1년 동안 유아와 부모 사이에 맺는 유대감은 이후 자녀가 사람을 만나고 생활하는 데 큰 유익을 준다는 연구결과가 있다. 그렇기에 어려서부터 행하는 자녀 축복은 자녀를 부모로부터 사랑받는 아이, 축복받는 아이로 성장하게 한다. 그리고 자녀 축복으로 인해 하나님과의 관계도 함께 풍성해진다. 그러므로 부모는 꾸준하고 지속적으로 반복하여 축복해야 한다. 자녀가 성장하여 대화가 가능할 때부터는 축복문 속에 있는 의미를 충분히 알려주면서 부모의 축복이 자녀의 삶에 스며들 수 있도록 해준다. 이러한 부모의 자녀 축복의 유익은 첫째, 하나님과 인격적인 만남을 돕는다. 지속적인 축복을 통해 어려서부터 하나님이 어떤 분이며 그 분이 나를 어떻게 지켜주시고 돕는지를 배우게 된다. 둘째, 자녀 축복은 부모와 자녀 사이에 믿음의 유대관계를 강화시켜 주고 신앙 안에서 부모의 경험이 자녀에게 이어지게 한다. 셋째, 자녀의 영적 필요를 알고 채워주면서 믿음 안에서 건강하고 견고한 신앙의 자존감을 갖게 한다.

다음은 대화다. 대화는 설교가 아니다. 자녀들이 가정예배를 드릴 때 가장 두려워하는 것은 설교가 자녀훈육으로 바뀌는 것이다. 가정예배에서 대화가 설교나 부모의 자녀훈육의 장이 되지 않기 위해서는 많은 주의와 노력을 기울여야 한다. 그러기 위해서는 먼저 자녀와 교감이 필요하다. 지금 자녀에게 어떤 필요가 있고 어떤 고민이 있는지 들을 준비가 되어 있어야 한다. 또, 자녀와 대화를 할 때 강한 부정이나 일방적인 주장을 하지 않아야 한다. 강한 부정과 일방적인 주장은 부모에게 후련함을 줄 수는 있겠지만 자녀의 삶은 변화시키지 못한다.

에베소서 6장 4절은 부모에게 자녀를 양육할 때 노엽게 하지 말라고 조언한다. 이 말씀은 자녀의 비위를 맞추라는 뜻이 아니라 자녀가 부모의 교육을 충분히 이해할 수 있도록 부모도 노력하라는 뜻이다. 그래서 '야곱의 식탁'의 대화는 말씀으로 시작하여 삶의 이야기로 마치고, 반대로 삶의 이야기로 시작했다면 성경에서 그 답을 찾아야 한다. 대화는 부모가 자녀와 함께 방법을 찾아가는 과정이다. 그래서 자녀와 대화를 할 때 미리 정해진 답을 말하고 주입하려 하지 말고 자녀가 답을 찾아갈 수 있도록 도와주고 배려하는 자세가 필요하다. 유대인들은 자녀들과 함께하는 대화시간을 '하브루타(Havruta)'라고 부른다. 이 '하브루타'는 짝을 이루어 서로 질문을 주고받는 디베이트(debate, 토론)를 통해 결론에 이르는 것인데 이들은 이 하브루타를 통해서 서로의 의견을 말하고 듣고 나눔으로 서로에게 맞는 방법들을 찾아간다.

우리 교회에서 시행하는 가정예배의 이름이 '야곱의 식탁'이 되었던 중요한 이유는 에브라임과 므낫세에게 축복한 이가 야곱이기도 했지만 축복과 대화가 있는 가정예배를 드리는 장을 식탁으로 삼고 싶었기 때문이다. 식탁은 음식이 있는 곳이다. 그래서 기본적으로 넉넉함과 여유가 깔려있다. 배고픔을 달래주는 넉넉함이 있고 가족과 함께 차 한 잔을 나누는 여유와 단란함이 있다. 한 가족이 함께 모일 수 있는 장소이면서 동시에 긴장을 떨쳐내고 자연스럽게 만날 수 있는 장소다. 그렇기에 '야곱의 식탁'을 모이는 장소가 꼭 집이어야 할 이유는 없다. 분위기 좋은 식당이나 공원, 차 한 잔의 여유가 있는 카페여도 괜찮다. 자연스럽게 이야기를 나눌 수 있는 곳이라면 어디라도 괜찮다. 자녀 축복과 따뜻한 대화가 있는 '야곱의 식탁'을 시작하고자 한다면 우리는 찬양-축복-대화-기도의 순서를 추천한다. 이때 '식사'는 언제 들어가느냐가 중요하지 않다.

찬양 전에도 괜찮고, 대화를 하면서 해도 괜찮고, 심지어 하지 않아도 괜찮다. '식사'의 본질은 축복과 대화가 평안하면서도 자연스럽게 진해되도록 돕는 것이기 때문이다. 반면 이미 가정예배를 드리고 있었다면 기존 순서에 '자녀 축복'만 추가할 것을 추천한다. 그러면 그 예배가 곧 '야곱의 식탁'이 된다. 이는 매우 유연하면서도 쉽게 접근할 수 있는 '야곱의 식탁'만의 장점이다.

Jacob's table

축복과
대화가 있는
가정예배 지침서

4장

축복문 해설

Jacob's table
야곱의 식탁

4장
축복문 해설

축복문의 내용

야곱의 식탁을 시행하면서 부모가 가장 생소해 한 것은 바로 축복문이다. 에브라임과 므낫세, 또 사라와 리브가, 라헬과 레아라는 인물들이 알려주는 축복의 의미가 무엇인지를 잘 모르기 때문이다. 그러므로 이 장에서는 축복문에 대한 내용과 의미들을 살펴보자.

축복문을 창세기 48:20을 축복문으로 선택한 이유

이날 야곱은 에브라임과 므낫세를 이와 같이 축복하였

다. 이제 이스라엘 사람들이 다른 이들에게 축복할 때마다 언제나 너희의 이름을 들먹이리라. 너희를 표본으로 삼아 너희 이름을 늘 부르리라. 사람들은 언제나 이렇게 복을 빌리라. "에브라임처럼 므낫세처럼 하나님 그대에게 복내리시길!" 이렇게 야곱은 에브라임을 므낫세보다 앞세웠다. (창 48:20, 현대어 성경)

야곱이 자녀들에게 한 명령이므로

유대인들이 오랜 역사 속에서 꾸준히 이 축복문으로 축복했던 이유는 야곱이 자녀들에게 이렇게 축복하라고 명령했기 때문이다. 창세기 48장 20절을 보면 야곱이 '이스라엘 사람들이 다른 이들에게 축복할 때마다'라고 말한다. 이러한 이유로 유대인들은 매주 안식일 저녁에 자녀들에게 '에브라임 같게 므낫세 같게 하시기를 원하노라'고 축복하였다. 게다가 유대인들은 1948년 현대 이스라엘 국가가 세워지기까지 약 이천 년이란 세월 동안 여러 나라에 흩어져 '디아스포라'로 살아왔음에도 이 축복문을 유지했으며 지금도 대부분의 유대인들이 이 축복문으로 축복한다. 이처럼 이스라엘 백성들이 오랫동안 축복문을 유지해 왔다면 분명히 그 속에 하나님의 뜻이 있을 것이다.

성경에 기록된 말씀이므로

창세기 48장 20절 외 축복에 관한 구절들이 없는 것은 아니지만 자녀에게 이렇게 축복하라고 제시한 구절은 이 구절이 유일하다. 송도제일교회에서 야곱의 식탁을 제정하고 가정에서 시행할 것을 독려한 것은 유대인들의 안식일 식탁예배를 그대로 모방하고자 함이 아니다. 다만 구약성도가 가정에서 행한 자녀 축복의 좋은 전통을 복음적 신앙고백 아래서 되살리고자 함이다.

함축된 축복의 내용이므로

자녀를 축복하기 위해 문장을 만든다면 끝도 없을 것이다. 그것이 자녀를 향한 부모의 마음이며 기대이기 때문이다. 하지만 이러한 부모의 마음과 기대를 한 문장으로 축약하라면 매우 어렵다. 그런 면에서 창세기 48장 20절 말씀은 에브라임과 므낫세라는 이름 속에 영적인 견고함과 경제적인 창출이라는 축복의 내용이 간략하면서도 분명하게 담겨있다.

아들을 향한 축복

하나님께서 사랑하는 아들 ○○에게 에브라임 같고 므낫세 같게 하시기를 원하노라 주 예수님의 이름으로 축복하노라 (창 48:20)

에브라임과 므낫세라는 이름에 담긴 축복의 내용

'에브라임'의 이름의 뜻은 "하나님이 나를 내가 수고한 땅에서 번성하게 하셨다(창 41:52)"이며 '므낫세'의 이름의 뜻은 "내 모든 고난과 내 아버지의 온 집 일을 잊어버리게 하셨다(창 41:51)"이다. 먼저 '에브라임 같고'라는 축복은 '경제적인 축복을 원한다'는 뜻이 담겨있다. 이는 요셉이 애굽에 와서 얻은 두 번째 아들에게 부여한 이름이었다. 과거에 자녀, 특히 아들은 노동력, 즉 경제력이었다. 자녀가 많으면 많을수록 많은 노동력을 얻었으며 이를 통해 부를 축척할 수 있었기에 경제적인 창출을 의미했다. 그러므로 요셉은 형들에게 팔려와 수고한 땅인 애굽에서 아들을 주신 하나님의 은혜에 감사하면서 이 아들을 통해 언약의 자녀들이 번성하며 경제적인 창출을 꾀하는 복을 누리기를 축복했던 것이다.

'므낫세 같게'라는 축복을 설명하는 곳은 창세기 45장과 50장이다. 여기에는 형들이 애굽의 총리가 된 요셉을 통하여 애굽에서 생명을 유지하며 살면서도 요셉이 언젠가는 보복하지 않을까 전전긍긍하며 살아가는 모습이 나온다. 이러한 형들의 불안은 야곱이 죽고 나서도 계속되었다. 이를 알고 있던 요셉은 형들에게 "두려워하지 마소서 내가 하나님을 대신하리이까 당신들은 나를 해하려 하였으나 하나님은 그것을 선으로 바꾸사 오늘과 같이 많은 백성의 생명을 구원하게 하시려 하셨나이다(창 45:5-8; 50:19-20)"고 말하며 두 번이나 거듭하여 위로했다. 즉, 요셉은 자신을 미디안 상인들에게 팔았던 형들에게 보복하지 않고, 자신이 애굽으로 온 것이 많은 생명을 구원하시길 원했던 하나님의 계획이라는 사실을 믿음으로 받아들였다는 뜻이다. 이러한 요셉의 고백이 아들 '므낫세'의 이름 속에 고스란히 담겼다. 즉 '므낫세'란 이름은 '하나님의 이끄심, 하나님의 주권을 인정'하는 신앙고백이자 '형들이 자신에게 행한 일을 잊어버리겠다'는 용서의 이름이다. 그러므로 '에브라임 같고' 라는 축복 속에는 경제적인 축복이, '므낫세 같게' 라는 축복 속에는 영적인 축복이 담겨 있다.

에브라임과 므낫세를 갈등없이 받아들인 이스라엘

성경 속 족장들의 가정을 보면 믿음의 자녀들만 있었던 것은 아니다. 아브라함 가정에도 이스마엘이 함께 있었는데 어린 이삭을 희롱한 것이 계기가 되어 아브라함의 집에서 쫓겨났다. 두 번째 족장 이삭의 가정도 두 아들 야곱과 에서가 있었는데 이들은 '장자의 축복'을 차지하기 위하여 암투를 벌렸다. 세 번째 족장인 야곱의 가정도 네 명의 부인에게 태어난 열두 명의 아들들 사이에서 갈등이 끊이지 않았다. 그리고 그 갈등의 절정은 형들이 요셉을 미디안 상인들에게 팔아버린 것이다. 그러나 아브라함, 이삭, 야곱 그리고 요셉으로 이어지는 족장의 자녀들 중에 에브라임과 므낫세만이 갈등의 기록이 나타나지 않고 있기에 에브라임과 므낫세는 '하나 됨(시 133:1)'의 상징이 되었던 것이다.

이스라엘 밖에서도 신앙의 정체성을 지킨 에브라임과 이스라엘

요셉은 어린 나이에 형들의 시기로 미디안 상인들에게 팔려 애굽으로 내려갔다. 그리고 10여 년간의 고생 끝에 애굽의 총리가 되었고 그곳에서 맏아들을 낳았다. 그리고는 "내 모든 고난과 내 아버지의 온 집 일을 잊어버리게 하셨다"는 뜻으로 '므낫세'라 이름 짓는다. 또 얼마 뒤 둘째아들을 낳고 "하나님이 나를 내가 수고한 땅에서 번성하게 하셨다"는 뜻의 '에브라임'이라 이름 지었다. 이들이 태어난 곳은 우상이 가득한 이방의 땅 애굽이었다. 그들은 이러한 애굽 땅에서 평생을 살았지만 말씀 안에서 이스라엘의 두 지파로 자리 잡는 데 손색이 없을 만큼 성장했다. 그러므로 이스라엘 사람들은 에브라임과 므낫세를 우상으로 가득한 세상 속에서도 믿음의 정체성을 지킨 사람으로 기억하는 것이다.

딸을 향한 축복

> 하나님께서 사랑하는 딸 ○○에게 사라와 리브가와 라헬과 레아 같게 하시기를 원하노라 주 예수님의 이름으로 축복하노라 (창 17:16, 22:17, 24:60; 룻 4:11)

사라와 리브가, 라헬과 레아의 의미

성경의 중요한 사상 중의 하나는 하나님의 언약 사상이다. 하나님께서는 당신이 선택한 사람들을 통해 '언약'을 이어가셨다. 사라와 리브가, 라헬과 레아 네 명의 공통된 특징은 이스라엘이라는 민족을 형성한 세 족장들의 아내라는 것이다. 하나님의 언약이 남자의 경우 아브라함과 이삭과 야곱을 통해 이어지듯, 여자의 경우 그들의 아내 사라와 리브가 그리고 레아와 라헬을 통해 이어졌다. 이러한 네 여인들은 자신의 신앙을 성경 속에서 각각의 고유한 방법으로 보여주었고, 그 신앙을 통해 자녀들에게 믿음을 계승하였다. 룻기 4장 11절은 이 사실을 잘 알려준다.

> 성문에 있는 모든 백성과 장로들이 이르되 우리가 증인이 되나니 여호와께서 네 집에 들어가는 여인으로 이스라엘의 집을 세운 라헬과 레아 두 사람과 같게 하시고 네가 에브랏에서 유력하고 베들레헴에서 유명하게 하시기를 원하며 (룻 4:11)

라헬과 레아를 소개할 때 '이스라엘의 집을 세운'이라는 수식어를 사용한다. '집을 세웠다'는 말은 단순하게 라헬과 레아를 통하여 열두 아들이 태어났고 이 열두 아들을 통해 이스라엘의 열두 지파가 시작되었다는 뜻만이 아니다. 그 이유는 본문에서 집을 세웠다는 의미가 모압 여인 룻이 보아스를 통해 죽은 엘리멜렉과 말론의 대를 이을 것, 즉 계대 혼인에 대한 축복으로 사용되었기 때문이다. 성경에서 이 계대 혼인은 하나님의 언약과 기업을 이어가기 위한 방법으로 나타난다(창 14:1-30; 민 27:1-7; 신 25:5-6). 그러므로 베들레헴 사람들이 룻에게 한 축복은 레아와 라헬이 친자매로서 한 남편을 섬기면서 열두 아들을 낳아 이스라엘의 기반을 세운 것처럼 룻도 보아스와의 혼인을 통해 끊어질 위기에 처한 엘리멜렉의 집을 세우라는 축복이며 하나님의 언약을 이어가길 원한다는 기원이다.

이러한 관점에서 사라와 리브가도 동일하게 이해할 수 있다. 비록 사라가 초반에 하나님의 말씀을 온전히 이해하지 못하여 자신의 몸종 하갈을 아브라함에게 주어 이스마엘을 낳게 했지만 시간이 지나며 하나님의 뜻을 깨닫고는 이스마엘을 내보내고 이삭에게 집중하는 신앙을 보여 준다. 리브가의 경우도 야곱을 편애하는 한 어머니의 모습을 보이지만 이러한 행동들은 "큰 자가 어린 자를 섬기리라"(창 25:23)는 약속을 사모하는 마음에서 비롯되었다. 그뿐 아니라 형을 속여 미움을 받게 된 야곱을 외삼촌 라반에게 보낼 때에도 "리브가가 이삭에게 이르되 내가 헷 사람의 딸들로 말미암아 내 삶이 싫어졌거늘 야곱이 만일 이 땅의 딸들 곧 그들과 같은 헷 사람의 딸들 중에서 아내를 맞이하면 내 삶이 내게 무슨 재미가 있으리이까"(창 27:46)라고 말함으로 그의 행위가 '하나님의 언약'에 기초하고 있었음을 알려준다. 그리고 라반의 집으로 가는 야곱에게도 이방 여인과 결혼하지 말라고 당부함으로 지금까지의 리브가의 행동들이 하나님께로 받은 언약에서 비롯되었음을 잘 알 수 있다.

야곱의 식탁에서 딸을 향한 축복은 사라와 리브가, 라헬과 레아처럼 믿음의 자녀를 낳아 그 아이들을 통해 하나님의 언약이 흘러감 같이 하나님께서 내 딸을 통해 신앙이 자녀에게 이어지고 하나님의 언약이 흘러가길 원한다는 기원이 담겨져 있다. 그러므로 이 축복은 '아이를 많이 낳아라'거나 '남편을 잘 내조하여 가정을 든든하게 세워라'는 의미에 머무르지 않고, 하나님께서 사랑하는 딸을 사용하셔서 '하나님의 언약'을 이어가고, 딸이 낳을 자녀들을 통하여 이어지기 원한다는 간구다. 결국 딸의 축복은 '하나님의 언약'이라는 큰 주제 속에서 아들에게 하는 "에브라임과 므낫세 같이 되길 원하노라"는 축복과 동일한 내용임을 알 수 있다.

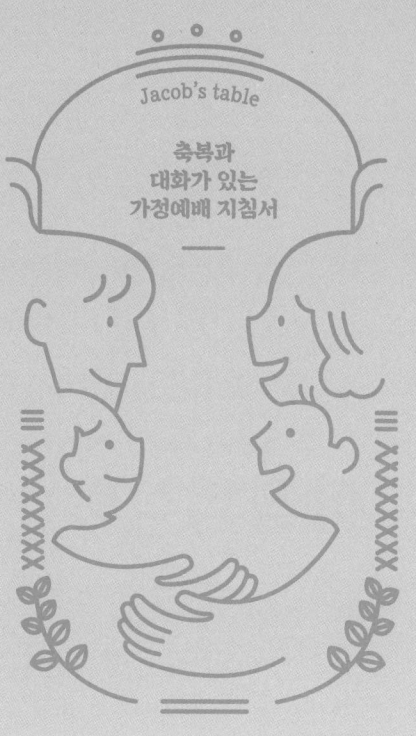

Jacob's table

축복과
대화가 있는
가정예배 지침서

5장

대화

Jacob's table
야곱의 식탁

5장

대화

말에는 힘이 있다

말에는 힘이 있다. 지혜로운 말 한 마디는 천 냥 빚을 갚을 힘이 있고, 위로하는 말 한 마디는 사람을 살리는 힘이 있다. 특히 부모의 말 한 마디는 자녀의 인생을 만드는 힘이 있다. 자녀는 부모의 말을 통해서 세상과 자신에 대해서 알아가고, 자기가 얼마나 가치 있는 사람인지를 느낀다. 옳고 그름의 기준을 정하며, 그 기준에 따라 자신의 삶의 목표를 결정한다. 이처럼 부모의 말 한 마디는 자녀에게는 세상을 보는 눈이요, 세상을 이해하는 기준이 된다. 자녀를 양육하는 데 말보다 중요한 것은 없다. 하지만 많은 부모들이 자녀의 감정은 고려하지 않고, 자신의 감정을 그대로 쏟아붓고, 자신의 욕심대로 자녀에게 강요한다. 이런 일이 계속되면 자녀는 부모에게 마음을 닫고 더 이상 부모의 말을 듣지 않으려고 하고, 부모가 가르치는 것도 인정하려고 하지 않는다. 이런 결과는 부모가 말을 제대로 사용하지 못했기 때문이다. 말의 힘은 그 말이 가진 내용보다 그 말 속에 담겨있는 감정과 마음에 달려 있다. 부모의 말을 들으면서 자녀는 부모가 자기를 어떻게 생각하는지, 무엇을 기대하고 있는지, 어떤 감정을 품고 있는지를 느낀다. 그 말에서 부모의 신뢰를 느낀 자녀는 부모의 신뢰에 합당하게 살려고 한다. 반대로 부모의 불신과 책망 속에 자란 자녀는 부모라는 큰 짐을 지고 살게 된다. 부모가 자녀에게 짐이 되느냐 아니면 자녀에게 도움이 되느냐는 부모의 말 한 마디에 달려있다.

대화에서 중요한 것은 듣는 것이다

이렇듯 부모의 말 한 마디에는 힘이 있다. 그러나 그 말 한 마디보다 더 큰 힘을 가지고 있는 것이 대화다. 야곱의 식탁에서 강조하는 것은 말을 잘하는 것이 아니라, 대화를 잘하는 것이다. 말을 잘하는 것과 대화를 잘하는 것은 전혀 다르다. 말은 내가 하는 것이지만, 대화는 거기에 듣는 것을 포함한다. 그리고 듣는 것이 말하는 것보다 훨씬 더 중요하다. 가정예배도 마찬가지다. 그런데도 이런 대화가 없는 가정예배가 의외로 많다. 아버지는 설교하고 자녀는 듣기만 한다. 자녀도 하고 싶은 말이 있고, 묻고 싶은 질문도 있다. 그런데도 아버지는 일방적으로 말하기만 하고 끝낸다. 자녀가 자기 생각을 이야기해도 다 듣기도 전에 판단하고, 부모의 방법과 답을 강요하듯 말하고 만다. 그래서 자녀는 입을 닫는다. 입만 닫는 게 아니라 마음도 닫는다. 그러므로 부모에게는 말하는 것보다 듣는 것이 중요하다. 사춘기의 자녀들이 부모가 아닌 친구에게 고민을 상담하는 이유는 부모는 가르치려고 하지만, 친구는 들어주기 때문이다. 만약 부모가 자녀의 말에 귀를 기울이고 공감한다면 자녀는 그 이상으로 부모의 말을 신뢰하고, 인정하고, 받아들일 것이다. 야곱의 식탁에서 대화를 강조하는 이유는 바로 여기에 있다. 그저 말로 가르치는 신앙보다 이런 관계를 통해서 전해진 신앙이 훨씬 더 풍성하고 깊이가 있기 때문이다.

듣는 것은 존중하는 것이다

어떻게 대화해야 하는가? 말하기보다는 들어야 한다. 미국의 토크쇼 진행자인 래리 킹(Larry King)은 자신의 책 『대화의 신』에서 "대화의 90%는 경청이다. 대화의 첫 규칙은 듣는 것이다. 당신이 다른 사람의 말에 좀 더 귀 기울이지 않으면, 그들도 당신 말에 귀 기울이지 않을 것이다. 지금 상대가 하고 있는 말에 진심으로 관심을 보여라. 그러면 상대방도 당신에게 그렇게 할 것이다. 훌륭한 화자(話者)가 되기 위해서는 먼저 훌륭한 청자(聽者)가 되어야 한다."[1] "출연자의 말에 관심이 없거나 존중하지 않으면 그들과 성공적으로 대화를 나눌 길은 없다. 당신이 존중하고 있는지 아닌지 사람들은 바로 느낀다. 그들은 자신이 존중받는다고 느낄 때 당신의 말을 더 주의 깊게 들을 것이다."[2]

그의 말의 핵심은 바로 '관심과 존중'이다. 자녀의 목소리에 귀를 기울이는 태도는 자녀에게는 진심으로 대화하기를 원한다는 신호가 된다. 이런 부모의 진심을 발견할

---

1. 래리 킹, 『대화의 신』 강서일 역 (고양: 위즈덤하우스, 2015), 47-48.
2. 래리 킹, 17-18.

때, 자녀는 마음의 문을 열고 속에 있던 것들을 하나씩 꺼내기 시작할 것이다. 자녀의 삶, 자녀의 고민, 자녀의 생각, 자녀의 가치, 자녀의 감정 등 자신의 모든 것을 부모 앞에서 내어놓기 시작한다. 그러므로 대화에서 제일 중요한 것은 자녀를 존중하며 들어주는 것이다.

성경과 삶을 이어주라

그러면 무조건 듣고, 인정하고, 수용하기만 하면 될까? 아니다. 자녀가 하나님에게서 답을 찾을 수 있도록 도와주어야 한다. 일상의 문제로 대화가 시작되었다면 성경에서 답을 찾을 수 있도록 도와주고, 성경으로 대화를 시작했다면 현실의 삶으로 이어주어야 한다. 이것이 대화의 역할이자 목적이다. 이런 대화를 야곱의 식탁에서는 어떻게 할 것인가? 자녀의 눈높이에 가장 적합한 방법을 선택해서 대화를 나누어야 한다. 여기에서는 세 가지 방법을 추천한다.

성경을 함께 읽으라
부모가 자녀에게 하나님의 말씀을 읽어주거나, 자녀와 함께 성경을 읽는 것이다. 할 수 있다면 함께 성경을 암송하는 것도 좋은 방법이다. 이렇게 하면 온가족이 함께 말씀에 공감하고, 말씀의 은혜를 공유하게 된다. 이렇게 공유한 성경말씀이 대화의 내용이 되고, 함께 나눈 성경말씀에서 대화가 시작된다.

글을 읽지 못하는 자녀의 경우에는 부모가 성경을 읽어주면 된다. 이때 그림이 있는 그림성경이나 어린이용 이야기성경을 이용하면 좋다. 자녀가 글을 읽을 수 있다면 가족이 모여서 함께 성경을 읽는 것도 좋다. 분량을 정해서 함께 읽은 후에, 부모가 자연스럽게 그 내용을 설명해 주면 된다.

서로 질문하라

질문이 중요한 이유는 대화를 시작하는 방법이고, 더 깊이 생각할 수 있도록 유도하여 무언가를 가르칠 수 있기 때문이다. 좋은 질문은 생각하게 만드는 질문이다. 그리고 성경 속에서 답을 찾도록 해주는 것이 질문의 역할이다. 이때 부모가 해야 할 일은 질문의 방향을 잃지 않는 것이다. 배의 키를 붙들고 있으면 그 배의 방향이 바뀌지 않듯이, 부모가 질문의 방향을 하나님의 말씀으로 향하고만 있으면 자녀는 방향을 잃지 않고, 말씀 속에서 고민하고, 말씀 속에서 답을 찾고, 말씀대로 순종하게 될 것이다.

이러한 질문에 유용한 자료는 큐티집 「복있는 사람」[3]의 부록에 실린 가정예배 부분과 「교리와 함께하는 365 가정예배」[4] 등이 있다. 그리고 송도제일교회에서는 야곱의 식탁을 도입한 첫 해에 주일학교 담당교역자들이 매 주일 설교요약과 함께 가정에서 나눌 수 있는 귀납법적인 질문들을 교회 홈페이지에 올려놓았다. 교회 차원에서 이런 방법으로 각 가정에서 주일에 받은 은혜를 함께 나눌 수 있도록 도울 수 있다.

서로 나누라

서로 나눈다는 것은 부모가 자녀의 의견이나 생각을 인정해 주는 것이요, 부모도 자녀를 통해서 배운다는 의미이다. 그러므로 서로 나눈다는 말은 부모가 자녀와 함께 말씀으로 성장한다는 뜻이 된다. 이를 위해 주일에 들었던 설교말씀이나, 매일 큐티한 내용으로 함께 이야기하거나,

---

3. 도서출판 생명의 양식(총회교육원·총회출판국)에서 발간하는 장년용 큐티교재.
4. 임경근, 『교리와 함께하는 365 가정예배』 (서울: 세움북스, 2015).

일상 속에서 만나는 신앙적인 고민이나 기도제목들로 대화하면서 서로를 위해 기도하다 보면 서로에게 신앙의 버팀목이 되는 믿음의 동역자가 될 것이다.

한 가족이 말씀의 은혜를 함께 나누고 공감하기 위해서는 매일 동일한 말씀으로 큐티하는 것도 도움이 된다. 이를 위해서 「복있는 사람」(장년), 「날마다 주님과」(청년), 「날마다 주님과 Teen」(청소년), 「어린이 복있는 사람」(초등 고학년), 「큐티 키즈」(유치, 초등 저학년)[5]처럼 대상연령은 다르지만 매일 묵상할 본문은 동일한 큐티교재를 사용하면 좋다.

대화를 하면서 꼭 기억해야 할 것은 신앙을 가르치는 방법과 지식을 가르치는 방법은 다르다는 사실이다. 지식은 말과 글로 배울 수 있다. 하지만 신앙은 그럴 수 없다. 자녀는 부모의 말만 듣고 자라는 것이 아니라, 부모의 삶을 보고 배우며 자란다. 부모의 가장 강력한 말은 바로 삶이다. 자녀의 말은 들어주고, 부모의 삶은 보여주자. 이것이 부모의 책임이다.

---

5. 생명의 양식과 SFC 출판부에서 발행하는 큐티교재.

Jacob's table

축복과
대화가 있는
가정예배 지침서

6장

식탁

Jacob's table
야곱의 식탁

6장

식탁

식탁이란 무엇인가?

'야곱의 식탁'에서 말하는 '식탁'은 온 가족이 함께 모이는 '시간'과 '장소'를 뜻하는 말이다. 밥 먹는 시간이어도 되고 다른 시간이 될 수도 있다. 가족끼리 함께 모이려고 시간과 장소를 정하면 그곳이 바로 '야곱의 식탁'이다. 그래서 가장 먼저 해야 할 일은 일주일 중 무슨 요일, 몇 시에 모일지를 함께 정하는 일이다. 정해진 시간과 장소를 가정 신앙교육의 자리로 삼는 것은 믿음의 선배들이 늘 해왔던 지혜로운 방법이었다.

종교개혁자 마틴 루터(Martin Luther)는 여섯 명의 자녀가 있었는데 아이들과 함께 놀기도 하고 자주 찬양을 불렀다. 특히 가난한 신학생들을 자기 집에 머물게 했기 때문에 가족을 포함하여 스무 명도 넘는 사람들이 함께 식사를 했다. 이 식사 자리가 루터 가정의 신앙교육 장소였다. 아버지 루터는 밥을 먹으면서 하나님부터 엘베 강의 개구리까지 다양한 주제로 대화를 나누었고 자녀들은 즐겁게 들었다. 그때 했던 루터의 말들을 제자들이 직접 기록했는데 나중에 『식탁담화』라는 책으로 발간이 되기도 했다.

종교개혁의 유산을 간직한 개혁교회도 자녀 양육을 위한 정해진 시간이 있다. 자녀들을 하나님이 주신 언약의 자녀로 믿고 부모들에게 주신 영적 책임감을 진지하게 받아들였기 때문이다. 개혁교회 가정생활의 중심은 가정예배인데 특별히 식탁이 자녀들의 경건을 훈련시키는 현장이 된다. 가정마다 조금 다르지만 식사가 끝나면 아버지가 성경을 읽어주고 함께 기도하는 간단한 예배를 드린다. 주일저녁에는 그날 들은 설교로 질문하면서 대화를 나눈다. 이런 시간들을 통해 자녀들의 마음에 말씀이 새겨지고 믿음이 전수된다.

지금 한국사회는 종교개혁시대나 외국의 상황과는 많이 다르다. 부모도 바쁘고 자녀들도 여유가 없고 압박감이

심하다. 학벌주의, 성공주의 문화라는 거대한 흐름을 거슬러 믿음의 좁은 길을 걷기가 무척 어렵다. 그러나 지금이 자녀들을 주의 교양과 훈계로 양육할 책임을 무겁게 받아들이고 용기 있게 행동할 때이다. 중세든 현대든, 한국이든 유럽이든 자녀를 믿음으로 기르는 지혜로운 방법은 시간과 장소를 정해서 함께 모이는 것이다. 그래서 '야곱의 식탁'은 중요하다.

시간과 장소는 가족들이 다 함께 의논해서 정하면 되는데 요일마다 장단점이 있다. 예를 들어, 토요일 저녁에 야곱의 식탁을 하면 다른 날에 비해 한결 여유가 있고 주일을 준비할 수 있다는 점이 좋다. 주일예배를 위한 기도를 드릴 수 있고 자녀들이 어린 경우에는 헌금준비를 확인하고 예배를 어떻게 드려야 하는지 말할 수 있어서 좋다. 또 주일 저녁에 모일 수도 있다. 주일 저녁에 모이면 그날 들었던 설교 말씀과 받은 은혜를 나눌 수 있고 내일부터 시작하는 한 주간을 위해 기도해 줄 수 있다. 꼭 주말이나 주일 저녁에 모이지 않아도 된다. 휴일날 볕이 좋은 야외에서 맛있는 도시락을 먹으면서 모일 수도 있고 분위기 좋은 까페나 식당에서 할 수도 있다. 가족이 함께 모이는 그곳이 '야곱의 식탁'이 된다.

장점

'야곱의 식탁'은 몇 가지 큰 장점이 있다. 첫째는 가정마다 드리고 있는 가정예배를 그대로 살릴 수 있다는 점이다. 이미 많은 가정들이 나름의 형식을 가지고 가정예배를 드리고 있다. 어떤 가정은 함께 찬송하며 성경을 읽고 기도하는 전통적인 형식의 예배를 드린다. 또 자녀에게 성경 이야기나 쉬운 교리 해설서를 읽어주면서 대화를 나누고 기도하는 가정들도 있다. '야곱의 식탁'은 이런 가정예배에 '축복'의 시간만 더해주면 된다. 가정의 분위기에 맞는 가정예배의 형식을 그대로 유지하면서 축복의 시간을 더한다면 훌륭한 '야곱의 식탁'이 될 수 있다.

또 하나의 장점은 많은 세대를 아우를 수 있다는 점이다. 자녀가 중고등학생이 되면 비밀이 많아지고 자기만의 사연이 생긴다. 그 동안 가정예배를 드리지 않고 소통이 없었던 가정이라면 모이는 일이 어색할 수 있다. 특히 자녀들이 대학생이나 직장인이라면 더욱 그럴 것이다. 하지만 '축복'을 좋아하지 않는 사람은 없다. 아이든 청소년이든 직장인이든 부모의 간절한 축복의 소리에 마음이 열리고 관계가 회복된다. 세상에서 부모만큼 자녀를 간절히 축복하고 싶은 사람은 없고 자녀만큼 부모의 사랑과 축복을 받고 싶은 사람도 없다. 이렇게 축복의 시간은 주 안에서 부모와 자녀가 깊은 사랑으로 만나는 시간이 된다. 이것이 '야곱의 식탁'의 진정한 유익이다.

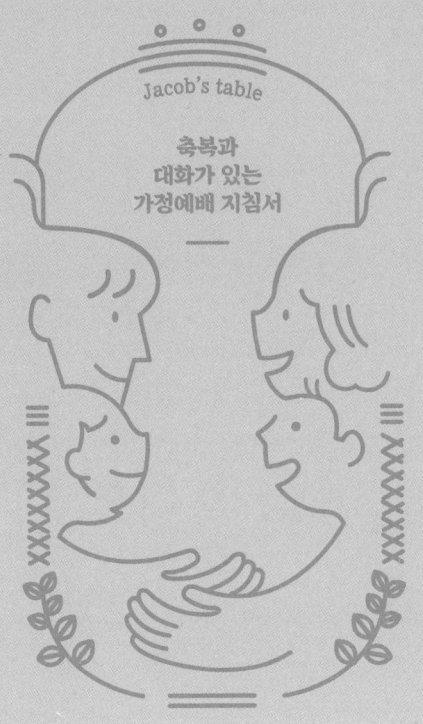

Jacob's table

**축복과
대화가 있는
가정예배 지침서**

7장

야곱의 식탁 매뉴얼

Jacob's table
야곱의 식탁

7장

야곱의 식탁 매뉴얼

마틴 루터는 하나님이 세우신 가정의 목회자는 부모요, 가정은 작은 교회(Kleine Gemeinde)라고 했다. 또 다른 종교개혁자 존 칼빈(Jean Calvin, 1509-1564)도 가정을 작은 교회라고 했다. 그들은 작은 교회인 가정을 최초의 학교, 부모는 최초의 교사라고 정의하며 가장 중요한 교육기관으로 간주했다.[1]

'교회학교가 살아야 가정, 교회, 나라가 삽니다'라는 주제로 2013년 '교회교육엑스포 2013'이 개최되었는데, 발제자로 나선 양금희 교수(장신대 기독교교육과)는 "교회와

---

1. 김강혁, "기독 가정의 가정예배에 관한 연구 논문"(2000년 12월, 장로회 신학대학교 신학대학원 p. 8)에서 재인용

가정간의 연계교육 활성화를 위해서는 교회교육을 교회학교에 국한하는 의식에서 탈피해 작은 교회로서 가정에서의 신앙교육까지 포함하여 보는 것으로 의식전환이 일어나야 한다"고 했다. 100% 공감한다. 하지만 '의식전환'은 단번에 되지 않는다. 작은 교회인 가정의 의미를 지속적으로 드러내고 가르치며 중요성을 반복해서 말해야 한다. 하지만 그것만으로는 부족하다. 가정에서 신앙교육을 손쉽게 할 수 있는 프로그램을 손에 쥐어주어야 한다. 이러한 고민 끝에 송도제일교회는 주일학교의 신앙교육의 보완장치로 '야곱의 식탁'이라는 가정예배 프로그램을 연구하며 만들었다. 7명의 교역자들의 연구와 토의로 자체적인 '야곱의 식탁 매뉴얼'을 확정하고 안내서를 만들어 교인들에게 배부했다. 순서와 내용은 아래와 같다.

1. 찬양

야곱의 식탁은 가족이 정한 시간과 장소에 모여 먼저 찬양으로 시작한다. 찬양은 첫 분위기를 조성하는 좋은 순서이다. 이때 부모가 아는 찬양이 아니라 자녀가 아는 찬양을 준비해서 함께 부르는 것이 좋다. 자녀들이 주일학교에서 부르는 찬양을 야곱의 식탁에서 부른다면 자녀의 마음이

활짝 열릴 것이며 분위기도 좋아진다. 곡은 1-3곡 이내가 좋고, 찬양시간도 5분 이내로 하는 것이 적당하다. 필요하다면 안내서에 있는 '너는 시냇가에 심은 나무라', '야곱의 축복' 두 곡 중의 한 곡을 선택해서 찬양해도 된다.

2. 부모의 자녀 축복

찬양을 마치면 곧바로 자녀를 위해 축복한다. 이때 부모는 자녀를 가슴에 안고 한 손을 머리에 얹고 귀에 입을 대고 아래의 축복문으로 자녀를 축복한다. 아들과 딸, 각각의 축복문을 따로 만들었다. 자녀의 성별에 맞게 축복하면 된다.

- 아들
하나님께서 사랑하는 아들 ○○에게 에브라임 같고 므낫세 같게 하시기를 원하노라 주 예수님의 이름으로 축복하노라 (창 48:20)

- 딸
하나님께서 사랑하는 딸 ○○에게 사라와 리브가와 라헬과 레아 같게 하시기를 원하노라 주 예수님의 이름으로 축복하노라 (창 17:16, 22:17, 24:60; 룻 4:11)

축복할 때 먼저 아버지가 자녀들을 축복한다. 축복할 때 자녀의 순서도 고려하여 첫째 자녀를 먼저 축복하고 둘째 자녀를 다음 순서로 축복한다. 아버지가 자녀들을 다 축복한 후에 어머니도 같은 방법으로 자녀들을 축복한다.

3. 대화

자녀를 축복한 후 다음 순서는 대화이다. 이때 식탁에 간단한 간식이 준비되어 있으면 좋다. 음식을 먹고 차를 마실 수 있다면 자연스런 대화의 분위기가 조성된다. 하지만 마냥 먹는 것에 정신을 빼앗기지 않도록 부모는 미리 생각해 둔 대화의 주제를 꺼내야 한다. 대화의 주제를 미리 준비하는 것이 야곱의 식탁 성공 여부를 좌우한다. 그래서 부모는 자녀들이 알고 있는 관심사, 학교생활, 친구 등의 주제를 준비해야 한다. 자녀들과 자연스레 나눌 수 있는 주제로 대화를 하고 난 뒤에 대화의 핵심인 성경으로 들어가야 함을 잊어서는 안 된다. 그렇다고 야곱의 식탁은 성경지식만을 전수하는 장소가 아니다. 또한 부모가 성경말씀으로 잔소리하는 시간도 아니다. 이를 위해 송도제일교회는 아래의 네 가지 방법으로 대화할 수 있도록 돕고 있다.

① 교육부서의 설교 요약과 질문을 교회 홈페이지에서 받아 사용한다. 자녀가 출석하는 교육부서의 담당교역자가 교회 홈페이지 게시판에 매주 간단히 설교 요약과 핵심, 그리고 질문을 올려놓는다. 부모는 교회 홈페이지에서 내려 받아 사용한다.

② 하나님 경외와 부모 공경에 대한 말씀 등을 암송한다.

- 출애굽기 20:3
  너는 나 외에는 다른 신들을 네게 두지 말라

- 신명기 6:5
  너는 마음을 다하고 뜻을 다하고 힘을 다하여 네 하나님 여호와를 사랑하라

- 잠언 9:10
  여호와를 경외하는 것이 지혜의 근본이요 거룩하신 자를 아는 것이 명철이니라

- 출애굽기 20:12

  네 부모를 공경하라 그리하면 네 하나님 여호와가 네게 준 땅에서 네 생명이 길리라

- 잠언 6:20-21

  내 아들아 네 아비의 명령을 지키며 네 어미의 법을 떠나지 말고 그것을 항상 네 마음에 새기며 네 목에 매라

- 에베소서 6:1-3

  자녀들아 주 안에서 너희 부모에게 순종하라 이것이 옳으니라 네 아버지와 어머니를 공경하라 이것은 약속이 있는 첫 계명이니 이로써 네가 잘되고 땅에서 장수하리라

③ 당일 큐티 본문으로 함께 나눈다. 가정에서 사용하는 큐티의 당일 본문을 함께 읽고 대화한다.

④ 큐티 교재 『복있는 사람』의 부록인 가정예배(예, 생각하기)를 이용한다.

4. 마무리 기도

대화를 마친 후 야곱의 식탁 마지막 순서로 마무리 기도를 한다. 마무리 기도는 짧을수록 좋다. 1-2분 이내로 기도하며 내용은 자녀들과 함께 나누었던 대화의 주제로 하는 것이 좋다. 그리고 대화 중에 알게 된 자녀들의 당면한 필요와 가정의 공동기도제목을 곁들어 기도하면 가족이라는 일체감을 가지고 하나님을 섬기고 있음을 느낄 수 있다. 한 가지 덧붙이자면 야곱의 식탁을 하게 하심에 대한 감사기도인데 이 기도를 통해 자녀들은 야곱의 식탁을 계속해야 하는 이유를 더 분명히 알게 될 것이다.

야곱의 식탁 매뉴얼

1. 찬양
온가족이 함께 알고 있는 찬양으로 1~2곡 부릅니다.

2. 축복
• 아들

하나님께서 사랑하는 아들 ○○에게 에브라임 같고 므낫세 같게 하시기를 원하노라 주 예수님의 이름으로 축복하노라

(창 48:20)

• 딸

하나님께서 사랑하는 딸 ○○에게 사라와 리브가와 라헬과 레아 같게 하시기를 원하노라 주 예수님의 이름으로 축복하노라

(창 17:16, 22:17, 24:60; 룻 4:11)

3. 대화
다음의 방법 중에서 선택할 수 있습니다.
① 온가족이 함께 성경을 읽습니다.
② 성경말씀을 정해서 함께 암송합니다.
③ 자녀가 주일학교에서 배운 말씀으로 함께 나눕니다.
④ 큐티 본문으로 함께 나누거나, '복있는 사람' 부록 가정 예배를 이용합니다.

4. 기도
1~2분 이내로 자녀와 함께 나누면서 알게 된 자녀의 필요와 가정의 공동기도제목으로 기도하고 마칩니다.

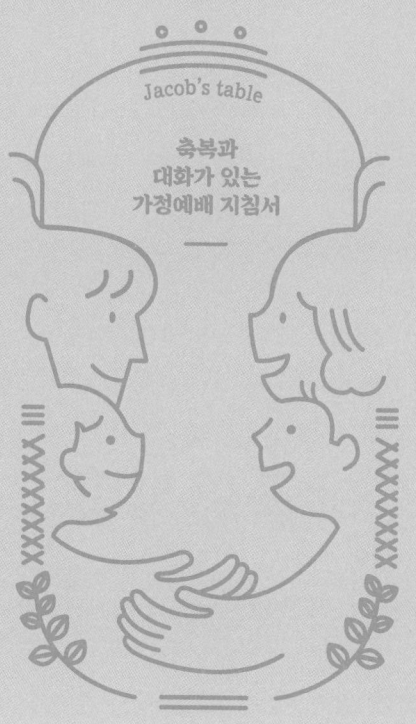

8장

야곱의 식탁을 위한 두 가지 디딤돌

Jacob's table
야곱의식탁

8장
야곱의 식탁을 위한 두 가지 디딤돌

송도제일교회가 야곱의 식탁을 준비하면서 만난 어려움은 부모와 자녀의 전통적인 역할에서 오는 문제였다. 야곱의 식탁에서 강조하는 것이 부모와 자녀간의 대화인데 유교 문화권에서는 이런 대화가 쉽지 않기 때문이다. 부모는 가르치고, 자녀는 듣고 배운다는 사고가 너무나도 깊숙이 박혀 있기 때문에 제대로 대화하기가 힘들었다. 야곱의 식탁도 처음에는 이러한 문제점들이 많이 드러났다. 서로 얘기를 나누다 보면, 어느새 부모는 자녀들을 가르치고 자녀들은 부모의 말에 어떤 대꾸도 하지 못하고 듣고만 있다. 결국 자녀들은 야곱의 식탁을 공식적으로 부모의 잔소리를 듣는 시간으로 여기게 되고 피하고 싶은 시간이 된다. 이러한 성향들은 하루아침에 바뀌지 않는다.

또 하나의 어려움은 축복에 관한 것이었다. 자녀를 축복하는 것이 부모가 자녀에게 할 수 있는 최상의 선물임에도 불구하고 실제로는 그렇게 하지 못하였다. 왜냐하면 표현이 서툰 부모가 자녀의 머리에 손을 얹고 소리를 내어 축복한다는 것이 너무 어색했기 때문이다. 축복이 야곱의 식탁의 핵심이기 때문에 이 부분이 해결되지 않으면 유익을 얻을 수 없다. 송도제일교회에서는 대화와 축복의 부분에서 이런 어려움들을 해결하기 위하여 '3대가 함께하는 온가족 예배'(이하 온가족 예배)와 '야곱의 식탁 캠프'를 준비하였다.

3대가 함께하는 온가족 예배

온가족 예배는 매월 첫 주일 오후예배 때 시행한다. 기존의 오후예배는 보통 각 또래별로 앉는 경우가 많았다. 자녀들이 또래별로 구성된 부서에서 드리기 때문에 온가족이 한 자리에서 예배를 드릴 수 있는 시간이 사실상 없었다. 이런 이유로 2013년 3월 첫째 주일부터 온가족 예배를 드리기 시작하였다. 오후예배에 교육부서나 부속회에 흩어져 있는 가족들이 한 자리에 함께 앉아 예배를 드림으로 각 가족에게 주시는 하나님의 은혜를 깊이 누릴 수 있다. 온가족 예배의 특징은 축복하는 데 있다. 이 책의 '3장 축복문 해설'에서 상세히 설명한 구약의 축복문으로 부모가 자녀에게 축복한다. 가족이기에 축복한다는 것이 처음엔 낯설게 느껴졌지만, 이제는 부모가 자녀를 진심으로 축복하게 되었고 축복을 받은 자녀는 자신을 향한 부모의 마음의 어떠한지 알게 되었다.

순서는 기존의 예배와 별로 다르지 않다. 설교를 마치고 난 후 인도자의 인도에 따라 부모는 자녀를 품에 안아 머리에 손을 얹고 축복문으로 축복한다. 그런 다음 자녀를 위해 간절히 기도한다. 이제 송도제일교회 성도의 어느 가정에서도 부모가 자녀에게 축복하고, 자녀가 부모의 축복을 받는 것이 전혀 낯설지가 않다. 이미 교회의 온가족 예배시간을 통해 익숙해졌기 때문이다.

지금까지 온가족이 함께 모여 예배드린 교회는 있었지만 송도제일교회처럼 예배시간에 자녀의 머리에 손을 얹고 축복문으로 자녀를 축복하는 시간을 갖는 교회는 없었다. 온가족 예배를 통해 교회에서 축복하고, 야곱의 식탁을 통해 가정에서 축복한다. 온가족 예배는 축복할 때 느끼는 생소함과 서먹함의 어려움을 잘 극복할 수 있는 좋은 방법이다. 이 예배를 통해 자녀에게 축복하고, 부모에게 축복을 받는 유익함을 알게 되어 야곱의 식탁의 축복에 영향을 끼쳐 더욱 풍성하게 되었다.

송도제일교회는 고신대학교 의과대학, 간호대학이 가까이 있는 관계로 타 지역에서 오는 학생들이 많다. 이들과 부모가 교회에 출석하지 않는 학생들을 위해 담임목사님과 장로님들이 자녀처럼 여기고 축복한다. 축복받은 학생들은 비록 혈육의 부모님은 아니지만 목사님과 장로님들을 통해 하나님의 큰 은혜와 감동을 누릴 수 있었다고 고백한다. 다음은 온가족 예배 때 축복받은 학생들의 소감문이다.

온가족 예배의 축복

대학부 이태성

대학부에는 고신대학교에 입학하거나 또는 전도되어서 처음 온 학생들이 많이 있습니다. 그리고 1층의 독립된 공간에서 예배와 훈련 등 모든 프로그램을 진행하기 때문에 대학부원과 담당목사님 외에 다른 집사님들이나 권사님들, 장로님들을 알 수 있는 기회가 없었습니다. 저도 대학부에 와서 2-3년 정도 대학부원들밖에 모르는 상태였고, 부목사님들 또한 대학부 담당 목사님밖에 알지 못하였습니다. 제 경우는 감사하게도 방학 때 중등부수련회 봉사와 국외단기선교를 통해 교회의 다른 어른들을 만날 수 있는 시간들이 있었고, 이 때를 기점으로 '나도 송도제일교회의 성도구나!'라는 인식이 생기기 시작했습니다. 그러나 대부분의 대학부원들에게는 이런 기회조차 접하기 쉽지 않습니다.

우리 교회는 하늘가족 공동체입니다. 온가족 예배의 축복기도 시간은 그런 의미에서 이를 확인할 수 있는 참 귀하고 좋은 시간이었습니다. 교회의 영적인 아버지이신 담임목사님과 장로님들께서 해주시는 축복기도가 교회 안에서 영적인 가족임을 확인할 수 있는 아주 좋은 방편이라고 생각합니다. 개인적으로는 더 길게 축복기도를 받고 싶다는 욕심이 있기도 합니다. 온가족 예배가 처음 시작되었을 때에는 이런 축복기도의 시간이 없었기 때문에 대학부 친구들은 평소의 오후예배와 다를 바 없이 혼자라는 외로움이나 소외감을 느꼈습니다. 하지만 온가족 예배의 축복을 통해 나그네와 같은 대학부의 학생들에게 따뜻한 사랑을 나누어주었습니다. 제 짧은 생각으로는 이제는 이런 축복기도의 은혜가 대학부원뿐만 아니라 연고가 없는 다른 성도들에게도 뻗어나갈 수 있으면 더 좋겠습니다.

온가족 예배의 축복, 또 다른 소망의 시작

대학부 정용근

저는 집에서 아무도 교회를 다니지 않는, 흔하게 말하는 불신자 가정에서 성장하였습니다. 유교 가풍이 있는 집안에서 자라왔기에 복음을 들을 기회가 없었습니다. 고등학교 때는 바쁘고 정신없는 와중에 주말마다 교회를 가는 친구를 보면서 참 한심하다는 생각을 했을 정도로 신앙에 대해 부정적이었습니다. 이러한 제가 복음을 알게 된 것은 대학교 입학 후 처음 가게 된 교회와 대학교 친구들 때문이었습니다. 저는 친구들에게서 복음을 들었고, 교회에 와서는 선배들과 순장님을 통해 복음을 들을 수 있었습니다. 그리고 우여곡절(?) 끝에 한 선교단체 집회에서 예수님을 영접할 수 있었습니다.

신앙을 가진 이후 저에게 가정이란 신앙의 장애물과 같이 느껴졌습니다. 왜냐하면 교회에서 은혜를 받고 집에 가면 허락 없이 교회를 다닌 것에 대해 매우 화난 부모님 때문입니다. 부모님은 처음에는 교회를 다니는 것조차 싫어하셨고, 저는 그러한 부모님을 이해할 수 없어서 하루가 멀다 하고 싸웠습니다. 그러기에 신앙이 생긴 이후 나에게 가정은 영적인 전쟁터였으며, 매일매일을 가슴을 졸이며 살아야 되는 곳이었죠. 그런데 어느 날 교회에서 온가족 예배를 드리기 시작하였습니다. 매달 첫째 주일은 온가족 예배로 가족이 함께 앉아서 말씀을 듣고 부모님은 자녀에게 축복하는 시간을 가지게 된 거죠. 처음 온가족 예배를 드린다고 했을 때 마음속에 소외감이 들었습니다. '그럼 그 시간에 무엇을 해야 할까? 이 시간들은 나에게 어떤 의미를 가질까? 괜히 가서 소외감만 생기는 게 아닐까?'라는 생각을 하게 되었지요. 하지만 교회를 섬기고 있다는 책임감과 예배를 빠질 수 없다는 마음으로 눈 꽉 감고 온가족 예배를 드리러 갔던 것이 기억에 남습니다.

온가족 예배에서 부모님이랑 같이 교회를 다니지 않는 대학부 지체들은 한 곳에 모여 앉아 달라기에 타지에서 온 친구들, 나랑 같이 집에서 혼자 교회 다니는 지체들과 같이 모여 앉았습니다. 말씀이 끝나고 이제 축복을 할 무렵 담임목사님께서 모여 앉아있던 우리들이 있는 곳으로 오셨습니다. 그리고 각 지체들의 이름을 불러가며 머리에 얹고 축복해주셨습니다. '하나님께서 … 에브라임 같고 므낫세 같아라'는 그 축복, 매우 짧은 시간이었지만 매우 많은 감정이 스쳐지나갔습니다. 축복을 받은 것에 대한 감사와 안도감 그리고 미안함, 마지막으로는 신앙가정에 대한 소망…. 그 전까진 집에서 혼자 다녀도 매우 씩씩하게 다녔기 때문에 신앙가정에 대한 생각이 많지 않았습니다. 오히려 그러한 불신 가정이 내 신앙을 더욱 단단하게 해주고 담대하게 해준다고 생각했습니다. 하지만 그 축복을 받는 순간, 불신 가정이라는 것이 단순히 내 신앙을 단단하게 해주는 것을 넘어서서 하나님이 내게 주신 선교지라는 것을 깨달을 수 있었습니다.

미래에 내가 꾸리게 될 가정에 대한 소망과 지금 현재 내가 속해 있는 가정에 대한 소망, 그리고 새롭게 주신 전도에 대한 비전이었습니다. 축복이라는 건 누가 해줘도 매우 기분 좋은 일입니다. 그 축복을 부모님이 만유의 근원 되시는 하나님의 영으로 축복해주는 것은 얼마나 기쁜 일일까요? 그리고 이 기쁜 일을 소망하는 것은 얼마나 큰 은혜인 걸까요? 저는 매달 온가족 예배 때 축복을 받을 때마다 신앙 가정에 대한 소망을 새롭게 품게 됩니다. 때로는 상황에 압도되어 지칠 때도 많았지만 그럴 때마다 저에게 선포된 축복은 저에게 커다란 힘이 되고, 다시 소망을 품고 기도하게 해 주었습니다. 그러면 전쟁터와 같던 가정 가운데에서도 희망을 찾을 수 있습니다. 지금 당장은 믿음이 없을지라도 우리 가정 안에 조금씩 스며드는 하나님의 은혜를 발견할 수 있었으니깐요. 그리고 그렇게 함께 역사하시는 하나님을 발견할 수 있었습니다.

8장 야곱의 식탁을 위한 두 가지 디딤돌

야곱의 식탁 캠프

원래 야곱의 식탁 캠프는 2013년 디모데학교로 개설되어 운영하다가 2015년부터 야곱의 식탁 캠프로 명칭을 변경하여 실시하였다. 이 프로그램은 기존에 나온 '야곱의 식탁 매뉴얼'을 적용시키며, 상설반 운영을 통해 야곱의 식탁이 각 가정에 보다 효과적으로 정착하도록 돕는 역할을 한다. 이 모임은 야곱의 식탁의 소개와 점검 그리고 야곱의 식탁이 어렵게 느껴지는 성도들에게 함께 실습하며 익숙하고 은혜롭게 진행되도록 돕는다. 인도하는 부모를 돕기 위해 도움이 될 만한 강의들을 개설하였다. 대화를 하는 방법이나 암송구절과 기타 도움이 될 만한 자료들을 제공하여 가정에서 야곱의 식탁이 보다 풍성해질 수 있도록 한다.

 야곱의 식탁 캠프에서 중점을 둔 부분은 부모와 자녀간의 대화이다. 우선 교역자와의 실습을 통해 부모와 자녀간의 진솔한 대화가 익숙해지도록 하고 이후 가정별로 실습을 하였다. 비록 장소는 교회지만 마치 가정에서처럼 실제적이고 구체적으로 실시하였다. 마지막으로 각자의 집에서 실습을 하였다. 그 과정 중에 부족한 부분이나 더 추가해야 할 부분이 있다면 다시금 야곱의 식탁 캠프에서 나누는 시간을 가졌다. 매뉴얼은 있지만, 세세한 부분까지 다 같을 수는 없다. 가정에 따라 축복에 더 많은 시간을 할애하거나, 대화에 더 많은 시간을 할애할 수 있는 자유가 있다.

2015년에는 야곱의 식탁 캠프의 실습을 통해 방법적인 면에서 실제적인 부분을 제공하였다면, 2016년에는 야곱의 식탁을 진행할 수 있는 여러 가지 이론적인 부분들을 제공하였다. 자녀들과 대화를 지속하다 보면 대화를 이끌어야 할 부모들이 부담감을 느낀다. 대화의 주제도 한정되고 다양하지 못하다. 또 자녀와 부모간의 세대차이로 인한 대화 방식의 차이도 있다. 2016년에는 성경에 대해 자녀들이 궁금해 하는 점을 함께 나누며 설명할 수 있도록 성경 통독법이나 신구약 배경사를 준비하였다. 그리고 자녀들의 성품이나 심리, 감정을 이해할 수 있는 프로그램, 청소년을 이해할 수 있는 강의 등 좀 더 실제적인 것들을 준비하여 강의하고 있다. 이처럼 2015년의 야곱의 식탁 캠프는 외형적인 면에서 틀을 잡고, 규모를 키우는 데 집중하였고 2016년은 내실을 다질 수 있는 다양한 프로그램을 도입하여 실시했다. 온가족 예배에서의 '축복', 그리고 야곱의 식탁 캠프에서의 '대화'는 야곱의 식탁을 정착시키는데 좋은 디딤돌이다.

야곱의 식탁 소감문
오민환 집사

늦은 나이에 하나님의 은혜로 가정을 이루게 되었고, 하나님은 우리 가정에 아들 하나(중2)를 주셨습니다. 편찮으신 아버님을 모시고 아버님을 돌보는 남동생과 함께 살면서 아내와 맞벌이를 하다 보니 아들의 양육 문제(이웃 집사님이 돌봐주셨음)와 신앙교육이 항상 고민이었습니다. 아버님은 소천하셨고, 남동생은 분가한 지금도 그 문제는 여전히 고민입니다. 어느덧 아들이 자라서 초등학교에 입학하게 되었습니다. 주일 초등부 예배를 드리는 것만으로 믿음이 잘 자랄 것이라 기대하였습니다. 가정에서는 주일저녁마다 가정예배를 드렸지만 저녁 먹고 나면 피곤하여 지나칠 때가 많았습니다.

주일학교 교사를 하면서도 자녀를 키우는 부모로서 아들을 말씀으로 잘 양육하고픈 소망이 있었고, 무엇보다 부모의 믿음을 물려주어야 한다는 마음은 항상 가지고 있었습니다. 주일은 저녁에 식사하면서 주일학교에서 배운 요절 말씀을 물어보기도 하고 암송도 시켜보았습니다 아들은 잘 기억할 때도 있었고 잘못할 때도 있었습니다. 하지만 주일학교에 다니고 있고 교회 선생님도 계시니 열심히 다니면 괜찮겠지! 라고 생각했습니다. 그러나 그런 안심은 점점 걱정으로 변하였습니다. 저는 이래서는 힘들겠다 싶어 담임목사님이 주일예배 마지막에 축도하시는 축복기도 중 민수기 6장 24~26절 말씀으로 아침마다 집을 나서기 전 서로 무릎을 꿇고 아들의 머리에 안수하고 기도한 후 아들을 '사랑합니다!'하고 안아 주었습니다. 때로는 아빠가 바빠서 잊어버릴 때에는 아들이 "아빠 기도해야지!" 하면서 먼저 얘기 해주었지만, 그마저도 초등학교 고학년 때는 학원 다니느라 도무지 시간이 나지 않았습니다.

그러던 중에 교회에서 야곱의 식탁을 한다고 하여 관심을 갖게 되었습니다. 내용과 순서 등을 보니 식탁에서 아들과 함께 그날 배운 말씀으로 교제하면서 축복기도를 하는 것이었습니다. 우리 가정에서는 그동안 가정예배도 잘 드리지 못하였고 수요예배도 함께하지 못했습니다. 또한 아침에 아들에게 기도하는 것도 바빠서 지나칠 때가 많았는데 때마침 이 모든 내용이 야곱의 식탁에 다 포함되어 있어서 너무나 좋았습니다. 아내와 의논한 후 바로 시행하기로 하였습니다. 마침내 주일 저녁 집에 돌아와 식탁에 앉아서 주일학교에서 배운 말씀으로 교제를 나누었습니다. 마지막에는 그동안 잘하지 못하였던 축복기도를 해주었습니다. 아들의 머리에 안수하며 "하나님께서 사랑하는 예창이에게 에브라임 같고 므낫세 같게 하시기를 원하노라"하고 이어서 민수기 6장 24~26절 말씀으로 마무리 축복기도를 해 주고 나서 엄마, 아빠가 번갈아 가면서 '사랑합니다'. 라고 포옹하며 '아빠, 엄마의 아들이 되어줘서 고마워!'하고 마치는 것이 일상이 되었습니다.

이제 저희 가정에서는 야곱의 식탁이 귀한 교제의 시간이 되었습니다. 말씀뿐 아니라 평상시 일주일간 대화하지 못한 친구관계, 학교, 학원, 가정, 교회봉사 등 여러 가지를 가지고 식탁의 교제를 통하여 서로가 마음을 터놓고 얘기함으로 신뢰가 생기는 귀한 시간이 되었습니다. 중학생이 된 후 초등학생 때보다도 공부에 대한 독려를 많이 하지만, 무엇보다도 야곱의 식탁으로 부모와 아들에게는 서로 얘기하며 나누는 시간이 많아졌습니다. 야곱의 식탁을 통해 성격도 밝아졌고 명랑하며 교회에서나 학교에서 친구관계가 좋아지고 항상 주위에서 칭찬을 받고 있습니다. 공부에도 열심을 내어 초등학생 때보다 성적이 상위권으로 올랐습니다. 야곱의 식탁을 통해 저희가 고민하던 문제들을 해결해 나갈 수 있었습니다. 앞으로도 우리 가정은 지속적으로 시행할 것입니다. 아무쪼록 교회에 감사드리며 하나님의 은혜에 감사드립니다.

야곱의 식탁을 시작하며
이태규 집사

야곱의 식탁을 하기 전 우리 가정은 제가 인도하면서 여러 방식으로 가정예배를 드려왔습니다. 지금은 가족들이 돌아가면서 인도하는데 사도신경, 찬송(혹은 CCM), 대표기도, 말씀 암송, 기도제목을 나누고 함께 기도합니다. 그런 다음 제가 가족 한 명씩 축복하고 주기도문으로 야곱의 식탁을 마칩니다. 가장인 제가 영적 권위를 가지고 간절히 자녀를 축복할 때면 정말 행복하고 기쁨이 넘칩니다. 이런 장을 열어주신 하나님께 감사와 영광을 돌려드립니다. 무엇보다 가족들의 기도제목과 일상의 나눔을 통해 주님 안에서 하나 됨을 알게 되어 너무나 좋습니다. '하나님께서 사랑하는 아들 성결이와 성현이에게 에브라임과 므낫세 같기를 원하노라'는 축복문으로 축복하다 보면 제 스스로가 성령님의 인도와 감동을 맛보게 됩니다. 때로는 부끄러운 고백, 죄에 대해 아파하는 회개, 감사의 고백 등 가족임에도 서로의 관계가 멀어질 수 있는 상처와 실수로부터 회복을 경험합니다.

제 두 아들에게 야곱의 식탁을 하면서 느낀 점을 말해

보라고 했더니 아래와 같이 말했습니다.

큰아들(고1): 야곱의 식탁을 하면서 아빠가 동생과 저를 위해 축복해 주는 것이 제일 좋습니다. 직접 한 사람 한 사람 머리에 손을 올려주고 열정적으로 축복하는 모습을 통해 좀 더 기억에 남게 되었고 우리를 얼마나 사랑하시는지를 느낄 수 있었습니다.

작은아들(초6): 기도제목을 나누고 다 같이 기도하면서 응답받을 때 기분이 좋고 마지막에 아빠가 축복기도해 줄 때 마음이 뜨거웠습니다.

저희 가족의 공통된 소망은 우리 가정을 통해 많은 영혼이 주께로 돌아오고 주님 주시는 능력으로 우리 가족 모두가 맡은 자리에서 충성하는 것입니다. 저는 우리 교회에서 진행되고 있는 야곱의 식탁이 구호로만 그치지 않고 삶의 예배가 되어, 가정에서 아버지들이 힘을 얻고 담대히 일어서길 바랍니다. 송도제일교회 가정 가정마다 야곱의 식탁이 잘 정착되고 뿌리내려 신앙명가가 더욱 많이 일어나기를 소원합니다.

참고 도서

· 단행본

베이톤, 이종태 옮김, 1982, 『마르틴루터의 생애』, 생명의 말씀사.

김용주, 2012, 『루터 혼돈의 숲에서 길을 찾다』, 익투스.

이성호, 2015, 『네덜란드 개혁교회 이야기』, 그책의사람들.

현용수, 2013, 『한국형 주일가정식탁예배 예식서』, 쉐마.

레리 킹, 강서일 역, 2015, 『대화의 신』, 위즈덤하우스.

임경근, 2015, 『교리와 함께하는 365가정예배』, 세움북스.

이영희, 2006, 『유대인의 밥상머리 자녀교육』, 규장.

전성수, 2012, 『자녀교육 혁명 하브루타』, 두란노.

Raymond Cintas, 2008, *The book of Blessing*, Matan Art Publishers.

· 논문

주준태, 1976, 『안수에 관한 연구(사도행전을 중심으로)』, 고려신학대학원.

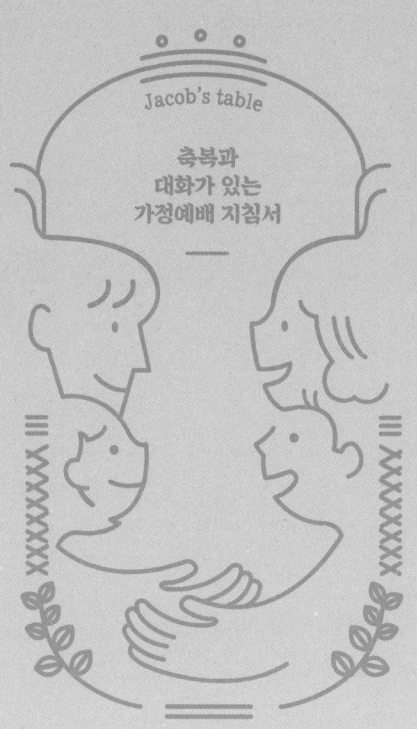

Jacob's table

축복과
대화가 있는
가정예배 지침서

epilogue

Jacob's table
야곱의식탁

Epilogue
야곱의 식탁
축복과 대화가 있는 가정예배

주준태 목사

교회에서 '야곱의 식탁'을 지난 5년간 시행해 오면서 다양한 시행착오를 겪었다. 하지만 가장 중요한 두 개의 축은 변함이 없이 지속되고 있다. 그것은 바로 축복과 대화다! 특별히 '야곱의 식탁'은 그간 잘 알려지지 않은 가정에서의 축복과 그 가능성에 주목하고 있다. 축복, 그 아름다움과 신비함, 이것을 가정예배에서 회복하는 것이 얼마나 귀하고 아름다운지 모른다. 축복에 대해, 특별히 축복기도에 대해 말을 하면 거부감이나 부담을 가지는 경우가 많다. 아울러, 대화를 통해 자녀와 신앙적으로 간격을 좁혀가며 함께 한 하나님께 나아가는 것이 얼마나 귀하고 감사한지 모른다. 하여, 축복과 대화에 대해 마지막으로 몇 가지 당부의 말을 남기려 한다.

첫째로 예배의 구성 요소로써 축도(축복기도)는 기도인가, 복의 선언인가? 구약 아론의 축도(민 6:25-26)에는 '원하노라'는 종결 어미가 세 번 나오는데 하나님이 백성에게 내려주시는 복을 제사장이 하나님을 대리하여 선언하는 형식이다. 신약의 사도적 축도(고후 13:13)에도 마땅히 그렇게 되기를 기원하는 내용을 '있을지어다'라는 형식으로 장엄하게 선포한다. 개혁주의 신학에서는 축도(강복선언, benediction)를 말씀에 대한 최종적인 봉사로써, 기도가 아닌 말씀선포의 한 형태로 이해한다. 그러므로 목사의 축도는 복을 비는 것이 아니라 하나님께서 약속하신 복이 이루어질 것에 대한 선언이다. 축도는 문자적 의미로 복을 빌어주는 기도이나 본질적 의미로는 복의 선언, 복의 선포이다.

'야곱의 식탁'에서 행하는 부모의 자녀 축복은 본질적으로 축도와 같은 의미를 가진다고 본다. 물론 성례나 축도와 같은 예배적 위치를 차지한다고 할 수는 없으나 자녀축복과 안수를 통한[1] 부모와 자녀간의 접촉은 '복은 위로

---

1. 주준태, 「안수에 관한 연구 - 사도행전을 중심으로」, (고려신학대학원 M.div논문, 1976) pp.52-53; 본서 153-155면에 일부 발췌 게재, ※ 8년 후 1984년 11월, 월간목회 99호, pp. 59-65에 요약 전재되었다.

부터 부모를 통해 내게 임한다.'는 사실을 피부로 실감하게 한다. 또한, 부모가 자녀 한 명 한 명을 품에 안고 안수함으로써 자녀는 자신이 '여럿 중의 하나'가 아닌 '특별한 하나'의 인격체로 존중받고 사랑받고 있음을 알게 되고, 나아가 하나님의 복을 받음과 함께 부모의 사랑을 공감한다.

부모의 자녀 축복은 영적인 좋은 애착관계를 형성한다. 애착관계란 아이가 부모를 신뢰하는 정도를 말하는데 생후부터 1년 정도에 형성되며 이때 생긴 부모와의 애착 정도가, 이후 자녀가 부모를 대하는 행동의 기초가 된다고 한다. 부모와의 애착관계가 잘 형성된 아이는 부모에 대한 신뢰감이 높아져 자존감도 높고 대인관계도 원만하다. 축복기도를 통해 어려서부터 하나님과의 좋은 영적 애착관계가 형성된 자녀는 그의 삶 속에 동행하시는 하나님과 풍성한 교제를 누릴 수 있다. 그러므로 그 접촉과 친밀함의 상징으로써 부모의 축복과 안수 행위는 당연하며 유용하다.

다음으로, 예배의 구성 요소로써 권위의 문제를 다루고 싶다. 축복에는 언제나 권위의 문제가 내재되어 있다. 모든 권세는 하나님으로부터 났고 다 하나님께서 정하신 것이다(롬 13:1). 특히 교회의 공예배와 가정예배의 성패는 이 '영적 권위'의 존재 여부로 귀결된다. 성경은 '논란의 여

지없이 낮은 자가 높은 자에게 축복을 받는다.'(히 7:7)고 한다. 아브라함에게 멜기세덱이, 바로에게 야곱이 축복의 권위를 가졌듯이 자녀에게는 부모가 그 누구도 대신할 수 없는 권위를 가진다. 무릇 예배에는 영적 권위의 말씀과 명령이 약속되어 있으므로 공예배가 목사가 축도로 마치는 것처럼 가정예배는 부모가 자녀를 축복하며 시작하는 것이 좋다고 생각한다.

수십 번의 특강을 진행하면서 자연스럽게 '자녀 축복문'의 두 가지 특징을 발견하게 되었다. 첫째, 가정예배에서 부모가 사용하는 축복문과 교회의 공예배에서 사용하는 축복문이 다른 점에서 그 차별성과 유용성이 잘 드러난다. 성경에 많은 이름이 있으되 자녀를 축복할 때 '에브라임 같고 므낫세 같게, 사라와 리브가 같고 레아와 라헬 같게'라고 부르는 것은 얼마나 인간적으로 다감하게 들리며 가정적으로 적절하게 느껴지는가? 공예배로 모인 공동체에게 선포되는 강복 선언과는 달리, 한 명 한 명 자녀의 이름을 부르며 선포한 복은 자녀로 하여금 보다 친근하고 직접적으로 받아들이게 한다. 둘째, 축복문의 메시지는 분명해야 하고 또 반복적이어야 한다(고전 14:8, 9). 머리에 안수하며 간절히 기도한다고 다 축복이 되며 풍성한 열매를

맺게 하는가? 엄밀한 의미에서 축복에는 확실한 축복의 내용이 선명한 신학적 진술로 담겨져야 한다. 무의식과 의식의 차원을 관통하여 한 자녀의 인격에 일관되게 선포된 축복은 반드시 영적 광휘로 응답되기 때문에 주 1회가 이상적이지만 적어도 월 1회 이상 동일한 축복문을 가지고 또렷한 음성으로 진지하게 축복할 것을 권장한다.

이렇게 '부모의 자녀 축복'이 있는 '야곱의 식탁'을 시행하다 보면 대화의 필요성이 요구된다. 대화는 부모를 자녀의 삶의 현장으로 인도한다. 자녀의 학교생활과 교우생활 그리고 교회생활까지 미처 평소 알기 힘든 영역까지도 들여다보게 한다. 이렇듯 대화를 통한 일상의 소통은 자연스럽게 자녀의 신앙교육을 맡고 있는 주일학교로 안내한다. 자녀가 교회에서 신앙교육을 어떻게 받고 있는지, 설교 말씀을 기억하는지, 담임교사는 누구인지 궁금해진다. 이러한 '야곱의 식탁'에서의 대화는 주일학교와 연결고리를 만들고 거룩한 상승작용을 일으킨다. '야곱의 식탁'이 주일학교 교육의 보완장치로서 제 역할을 하게 되는 것이다. 교회와 가정이 함께 다음세대를 세우는 일에 동역하는 것이야말로 '야곱의 식탁'이 주는 가장 큰 유익이다.

'야곱의 식탁'을 가정에서 시작하려면 먼저 가족 구성

원 모두가 이 책을 읽고 부모의 자녀 축복이 얼마나 중요한지를 그리고 부모와 자녀가 식탁에 둘러앉아 신앙을 주제로 대화를 나누는 것이 얼마나 유익한지를 충분히 공유할 것을 권한다. 큰 변화를 주기보다 자녀에게 축복하는 것부터 시작하고, 다양한 방법의 대화로 발전시켜 나가는 것이 좋다. 부모는 하나님의 은혜와 지혜를 구하면서 '야곱의 식탁'이 자녀들에게 습관화되기까지 꾸준히 실천해야 한다. 이미 가정예배를 드리고 있는 가정은 부모의 자녀 축복만 더해도 충분한 효과를 거둘 수 있다.

마지막으로, 추천사를 써주신 '제자훈련과 목양장로사역'의 선구자이신 최홍준 목사님과 예전의 전문가로서 귀한 조언을 주신 채영남 목사님, 고신대학교 유아교육과 김상윤 명예교수님과 기독교교육과 강용원 명예교수님 그리고 총회교육원장 박신웅 목사님께 진심으로 감사드린다. 또, 유대인의 자녀 축복을 이해하는데 도움을 주신 개혁파 유대인으로 부산 이스라엘하우스 관장이신 제이 제이슨 크로니쉬 부부, 그리고 출판을 지원해 주신 송도제일교회 당회와 이 책의 공동저자들께 심심한 감사를 드린다.

안수의 자연성, 다양성, 특수성

안수는 초대교회의 특수한 형편 가운데 유용하게 사용된 은혜의 방편이었으나 지금은 개척시대가 아니므로 임직의식의 상징으로만 사용할 수 있다는 해석은 반론을 제기할 여지가 많다. 필자는 안수에 대하여 다음 세 가지 성질을 지적하고 그 가치를 인정해야 한다고 생각한다.

① 자연성

안수는 하나님의 사랑과 자비의 자연스런 표시로써 그 절정을 예수님의 안수에서 찾아볼 수 있다. 성경에 하나님의 손이란 말이 이러한 의미로 많이 사용되었다. 성도들이 어려운 문제가 있을 때 형제의 사랑과 친절을 가지고 주 앞에서 서로 짐을 나누어지고 함께 연합한다는 상징적인 행위로서 안수기도를 한다는 것은 대단히 아름다운 관습이라 하겠다. 기도에 따르는 자연스런 신앙적 행위로서의 안수를 초보적이고 유치한 것으로 매도해 버릴 때 나타나는 부작용도 무시할 수 없을 것이다.

② 다양성

성경에 나타나는 안수의 양식은 여러 가지인데 오직 임직예식에만 그리고 반드시 머리 위에만 얹어야 한다고 주장하는 근거는 희박하다. 그렇다고 해서 안수를 꼭 성경이 말한 그대로만 행해야 할 이유도 없는 것이므로 안수는 그 정당한 성경적 원리에 따라 현대교회가 요구하는 대로 자유롭게 그 시기, 장소, 방법을 선택하여 긍정적으로 사용할 수 있을 것이다.

③ 특수성

유대인들에게 있어서 안수는 하나의 풍속이었고 초대교회에 있어서는 하나의 분위기였다. 그러므로 오늘날에도 꼭 그대로 해야 한다고 고집할 수는 없으나 현대교회는 안수를 귀중한 교회적 유산으로써 엄숙하고 특별한 기도의 방법으로 보존해야 할 것이다. 안수를 교회적 권위를 가진 사람이 공적으로 또는 윤리적으로 정당하게 사용한다면 안수의 유용한 사용은 어린이, 병약자, 청소년들에게 유익한 정신적 경험과 심리적 육체적 치료를 줄 수 있을 것이다.